できる人だけが知っている

「ここだけの話」を聞く技術

ラーメンライター
井手隊長

まえがき

「ここだけの話」を聞く技術。そんなものは存在するのか？

そう思った方もいることでしょう。

よほどのコミュニケーション能力がない限り、そんなものは持てるはずがない、と思っている方も多いのではないでしょうか。

きっとそんな技術があれば、どんな職業の方でも、今後どんなにＡＩが発展していっても、長く生きていける大きな武器になるはずです。

情報の価値が日に日に高まっていく時代の中で、ほかの人たちが知り得ない情報を握れる力は極めて重要です。

これからの時代、情報がしっかり集まる人のところにチャンスはやってきます。そして、「ここだけの話」を持っている人のところに人は集まってくるのです。

ネットニュースでも雑誌でも新聞でもいいのですが、有名人のインタビュー記事を読んでいて「あれ、この人のこの話、どこかで読んだことがある」と思ったことはありませんか？

なかには「なんだ、またこの話か」と、そこで読むのをやめてしまったことも少なくないでしょう。

有名人には取材依頼が殺到しますから、どうしてもこういうケースが起きてしまうのです。ですから、もちろん彼らが悪いわけではありません。

問題は、聞き手側にあるのです。

仮に、聞き手が「これまで誰も聞いたことがない『ここだけの話』を引き出してやろう」という気持ちで、その有名人の過去のインタビューについて全て目を通し、まったく新しい構成（アウトライン）を練った状態で取材に臨んでいたらいかがでしょうか。

「そんな準備をする時間はない」とか「すごくコスパやタイパが悪そう」とか思った方は、少し考えてみてください。丸腰で臨んで無難に取材を終えて書いた〝どこかで読んだような記事〟に、いったいどれくらいの価値があるというのでしょうか。

むしろ、取材で「ここだけの話」を聞き出した上で、今まで誰も触れたことのないコンテンツを提供するほうが、よほどコスパもタイパもいいのです。そこに対して、ムダな時間はいっさい使っていないのですから。

「ここだけの話」を聞くことに注力することこそが、よいコンテンツを生むためにやるべきことなのです。

実際に、私は「よく、あの方からこんな話を聞けましたね?」とか「いったい、どんな聞き方をされているのですか?」などと訊かれてきました。この本を執筆するにあたってその技術をまとめ、みなさんの仕事にも活かせる形にしました。

この本を読めば、その全技術が学べるようになっています。

私は長年、ラーメンライターとして、何百人ものラーメン店主や経営者の方、あるいは本の要約サービス「flier（フライヤー）」執行役員や「読者が選ぶビジネス書グランプリ」事務局長として、こちらでも幾多の著者にお会いしてきました。

ラーメン店主の方は寡黙《かもく》な方が多く、一方ビジネス書の著者は多弁な方が多いので、これだけでも真逆のタイプです。

さらには、業界内で「レジェンド」と呼ばれる大物クラスの方や、いかにも怖そうな方もたくさん取材してきましたし、お忙しい方の場合には電話で取材させていただくこともあります。しかも、たいてい取材に掛けられる時間は短いものです。

そんな短時間の中で、単に話を聞くだけではなく、ほかの人たちが知り得ない「ここだけの話」を聞くわけですから、聞き手には「聞き倒す」技術・姿勢が求められます。

「ここだけの話」とは、言い換えればほかでは聞くことのできない「オイシイ話」です。こういった話は、しゃべった側も気分がいいものです。

人間は誰もが、どこかで「自分の話を聞いてほしい」という欲求を持っています。ただ、全員が全員、話し方のプロではないので、その表現方法はさまざまです。

そんな中、聞き手の技術によって、長い時間しゃべり続けるのではなく、短い時間で「ここだけの話」を語れることで、満足度が高まることは言うまでもありません。

こういう聞き手は重宝されます。何もライターに限った話ではありません。営業であれ接客業であれ「○○さんをお願いします」となり、二度目以降のオファーにつながります。

一度目はビギナーズラックでも、二度目以降も声が掛かれば本物です。**そのためにも、リピーターになることを目指すべきであり、それこそ本当の意味で「プロとして認められた状態」と言えるでしょう。**

この本では、第1章で寡黙な方を相手にした際の聞く技術をご紹介します。続く第2章は、多弁な方に「こちらの意図した話」を語っていただく技術です。

前者では、まず「話していただくにはどうすればいいか」を考えなくてはなりませんし、後者では、どこかで聞いた話に終始してしまわないように注意しなくてはなりません。どちらにしても、どう「ここだけの話」を語っていただくかが大事になるので、その技術をご説明いたします。

第3章では、レジェンドクラスや苦手な方からお話を聞く技術です。こういった方を相手に緊張してしまうのは仕方がありません。その上で、どうお話を聞いていくかが問われます。

また第4章では、聞くだけではなく、「聞き倒す」技術を紹介します。当たり障りない、無難な話に終始せず、その先まで「どう聞き倒すか」を詳しく解説します。

最後の第5章は、本物のプロになるべく、リピーターになる技術です。二度目以降も指名され、お客様から「○○さんだから話すのですが……」と言われたら、もう免許皆伝《めんきょかいでん》です。

私はライターの仕事をしていますし、取材という業務内容は一般的ではないかもしれませんが、記事を書くか否かはともかく、仕事で「人に何かを聞く」という作業をいっさいやらないという方は皆無でしょう。

人に何かを聞いて、自分の成果に反映させるということは、誰にとっても必要なことです。

つまり、聞き手の仕事が何であっても関係なく、またプロである以上、相手のタイプがどうであっても関係ありません。全て聞き手の問題であり、この本で身につけた技術を駆使していただければ、きっと成果が変わってくるはずです。

この本を読んだ方々が「ここだけの話」を聞き出せるように、私も包み隠さず自らの経験と技術を明かしますので、ぜひ安心してついてきてください。

できる人だけが知っている「ここだけの話」を聞く技術◎もくじ

第1章 しゃべらない人の「壁」を攻略する方法

第2章 自分語りする人の「鎧」を外す秘訣とは?

第3章 苦手な人からも「心の声」を聞くためのコツ

第4章 これからは聞く技術より「聞き倒す技術」を磨け

第5章 「また話を聞いてほしい」となる人を目指そう

第１章

しゃべらない人の「壁」を攻略する方法

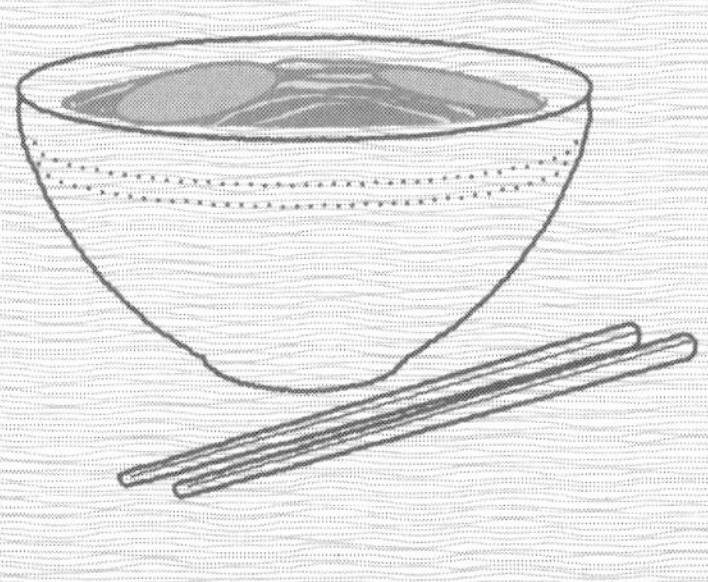

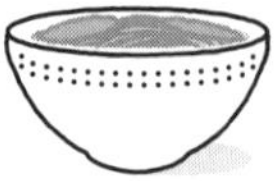

沈黙が怖い？
話題はすぐ目の前にある

会話の中で「沈黙」が怖いというのはよくある話。

ひとつの話題が終わると、なんとなく「……」と沈黙の時間ができてしまうというのは、会話が得意な方であっても、誰でも思い当たると思います。

とくに初対面の「はじめまして」のタイミングで、沈黙時間ゼロで会話を続けろというのは無理な話でしょう。

実際に会話の引き出しが無限にあるという人は稀《まれ》で、どうしても沈黙の時間は出てしまうもの。

ただ、その会話の目的が「沈黙を作らないこと」かというと、それもまた違うかなと思います。

あくまで、目の前の相手といいコミュニケーションを作ることが会話の目的だとするならば、沈黙があったらダメということにはならないのです。

むしろ、沈黙の時間があるのは当然です。

沈黙の時間に焦って次の話題が出てこず、さらに焦ってしまい、そのあいだに相手が気まずさから「今日はこの辺で……」となるのは、あまりに残念な話です。

沈黙の時間が訪れたときに、私がよく使うのは「なるほど〜、そうなんですね」と、少し間を作りつつ、目の前にある料理やドリンクについて触れるという手法です。

会食なら料理があると思いますし、打ち合わせならドリンクが目の前にあるでしょう。

私のラーメン店の取材でいえば「それにしてもこのグラスカッコいいですね！」とか「いやぁ、ほんとにスープ旨かったです！」とかこんなレベルです。

私が取材しているラーメン店主の中でも「しゃべらない人」というのは結構います。そもそも、ラーメン店主はラーメン作りが得意なわけで、しゃべることには慣れていないことのほうが多いです。そういう店主からお話を伺うときは、こちらがまくしたてることなく、ゆっくりとしたペースを保つようにします。

ちなみに、そこまで盛り上げにいかなくとも「なるほど〜、ふむふむ」などと相槌を打つくらいでも相手は悪い気はしません。

沈黙を埋めることよりも、話を一生懸命に聞いてくれている姿勢が見えることが大事なので、無理に話そうとしなくてもいいと思います。

とにかく、会話中に焦るのはいちばんよくないと言えるでしょう。

会話は、相手が「話したい」と思えるリズムを作ることが、何より大事です。

その中で、聞き手である自分が焦ると、相手の「話したい」という空気がなくなってしまいます。

沈黙を埋めることよりも、心地よい空気を作り出すことを意識しましょう。

次の話題に困ったら、目の前のコーヒーを飲んで「あー、あったまりますね～」、これでいいと思います。

19世紀のイギリスの評論家トーマス・カーライルの「雄弁は銀、沈黙は金」という言葉があります。

ぺらぺらしゃべって内容がないぐらいだったら、たとえ会話のキャッチボールが少なかったとしても、中身があるほうがよいのです。

とくに、相手がなかなかしゃべってくれない人で「壁」を感じる場合は、焦らずゆったりしたペースで会話し、空気を作ることを意識しましょう。

沈黙タイムもＯＫです。とにかく焦らないことを第一に考えましょう。

沈黙を怖がらない。相手が話しやすいリズムが作れればＯＫ。困ったら目の前の料理やドリンクに触れてみよう

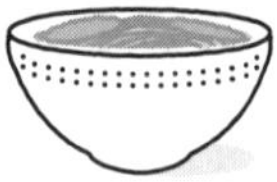

「聞く」ことは手段、本来の目的は何？

取材で相手がなかなかしゃべってくれなくて焦る、これは本当によくある話です。ひとつ質問をすると、一言しか返ってこず、その後も沈黙。さらに焦りは続きます。沈黙の解消の仕方は先ほどご紹介したとおりですが、そもそもこの会話の本来の目的は何でしょうか？

私の場合であれば「ニュース記事を仕上げること」が取材の目的です。取材での撮れ高が少ないのであれば、お店の歴史や自分の考察を多めに入れることで、記事を完成させることができます。

しかし、あまりにも撮れ高が少ない場合は、私はそこで切り替えて、**絶対に聞き逃してはいけない項目に集中**して取材を続けます。

寡黙《かもく》なラーメン店主の多くは、ご自分のラーメンを決して自慢しません。

こういう場合「こだわり」を聞くと「とくにない」という答えが返ってくることがかなり多いです。

「スープのこだわりは？」

「とくにない。普通の作り方だから」

「食材のこだわりは？」

「その辺で手に入るものばかりで、特別なものは何も使っていない」

こういうパターンです。

字面だけを見ると撮れ高が少ないように見えますが、この内容で記事を仕上げようとすると、私ならこうします。

店主にそのこだわりを聞くと「とくにない」と答える。スープも具材も、高級食材は使わず、どこにでも手に入る食材で仕上げているとのこと。スープもオーソドックスな炊き方で、特別なこだわりはないそうだ。
その中で、この唯一無二の一杯を仕上げているのは、店主の「腕」によるものにほかならない。

「こだわりを語らない店主が愚直に作っている一杯だからこそ、こんなに旨いものになる」こういう文脈で仕上げるのです。

あくまで「聞く」ことは手段であって、本来の目的を忘れなければ、仮に撮れ高が少なくても焦らなくて大丈夫です。

営業の現場であれば、「受注を獲得すること」が目的かもしれません。
なかなかしゃべってくれない人が相手だった場合、その商談の中で受注をまとめるのは難しいと判断し、メールや電話、または次回の商談に向けて、明るくコミュニケーションをして、いい空気でその場をまとめればよいと思います。

その場で話をまとめようとして、焦って印象を悪くするほうが厳しい結果になります。あくまで本来の目的を忘れないようにしておくことが、しゃべってくれない相手との会話の中では重要だと言えるでしょう。

とにかく、沈黙に対する焦りは禁物。焦っても何もいいことはありません。「沈黙をなくすことが、この会話の目的ではない」ということを忘れないでいれば大丈夫です。

うまく会話が続かないなと思ったら、本来の目的が何だったかに立ち返りましょう。沈黙を埋めることよりも、本来の目的を達成させるためのベストを尽くしてください。

沈黙をなくすことが会話の目的ではない。うまく会話が続かないときは、本来の目的が何だったかに立ち返る

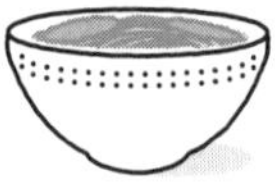

天性の明るさや見せかけの〝よいしょ〟はいらない

「円滑にコミュニケーションを取るためには、明るくしないといけない」という感覚があるかもしれません。

じつは、私もそうでした。

ですが、世の活躍しているインタビュアーや司会者、記者などがみんな底抜けに明るいかというとそうではありません。

そもそも、**天性の明るさを持ち合わせている人はいいのですが、そうでもない人にいきなり明るくなれと言っても、それは酷なこと**です。

会話やコミュニケーションは人と人、つまり相手があって成り立つもので、相手に合わせてコミュニケーションを取ることが本来は正解のはずです。

明るいコミュニケーションがぴったりの方もいれば、人によっては物静かで口数も少ない方もいます。

口数の少ない方にマシンガントークで、とびきり明るくコミュニケーションを取ると会話は破綻《はたん》してしまいます。

相手によって、明るさのレベルを変えられるようになることが理想です。

聞き手は、自分をぐいぐい出していくのではなく、相手の明るさに合わせて自分の灯りの輝度を決めていく……そんな感覚でいるといいでしょう。

ただ、そうなると、物静かな人からは、なかなか多くのことが引き出せないのではないかと思われるかもしれません。

そういったときの対処法については、この後で説明していきます。

そして〝よいしょ〟も禁物です。

自然に出るものならいいのですが、事前に用意していったよいしょは、相手にすぐバレてしまいます。

私も取材を受けることがたまにありますが、わかりやすいよいしょは、体がむず痒《がゆ》くなりますし、むしろ空気が悪くなってしまいます。

よいしょは単なるお世辞なので、中身がまったくないのです。

また、よいしょなのか本気なのかは、話していればすぐにわかります。

とくに、取材に対する事前準備をたいしてしていないのに、よいしょだけを会話に挟んでいくとほぼ100%印象が悪くなります。

「○○の雑誌で特集されている記事を夢中で読みました！　すごい記事でしたよね！」

こう言われたら、言われた側としては、その雑誌の中身の話をしたくなるものです。ですがそうなったとき、記事をたいして読んでいないと、途端に話はちぐはぐになります。

薄っぺらな話は全てバレてしまうのです。

よいしょではなく、本当に自分がすごいと思ったものに対して言及するほうがいいでしょう。

とくに、有名な人に会うときのよいしょは、本当にやめたほうがいいと思います。**有名な人は、ふだんから褒められ慣れていますし、さんざんよいしょされてきていますから、その中で薄っぺらな人を見分けることにも慣れているのです。**

よいしょで安易に懐に入ろうとするのではなく、等身大の自分でぶつかっていきましょう。

「正面からいっても、どうせ敵わない人なんだ」と割り切るぐらいがちょうどいいと思います。そのほうが、相手はこちらを包み込んでくれるはずです。

「明るい」が正義ではない。相手に合わせて輝度を変えよう。よいしょも全て見抜かれるので等身大でいるべし

仮説を立てるまでの事前準備が大事

取材やインタビューをするにあたって、私がマストでやるべきだと思っていることのひとつに「仮説を立てる」ということがあります。

私であればラーメン店に取材に行くことが多いですが、この店主はどんな経歴で、どういう苦労をされてお店をオープンし、人気店にまでたどり着いたのか、それをある程度「仮説」として、自分の中で立てておくのです。

たとえば、高校を卒業してすぐにラーメン店で修業し、その後、独立した店主であれば、幼少期から料理が好きで料理人になるのが夢だったのではないか。

はたまた、昔お父さんに連れていってもらって食べたラーメンが原点でラーメンにハマり、ラーメン職人を目指した人物なのではないかなど、事前に妄想を膨らませておくのです。

こうした仮説を事前に立てておくと、その仮説との差を感じながら話が聞けるので、推理モノの答え合わせをしている感覚でたいへんおもしろく、前のめりに取材を進めることができます。

仮説を作るのに何が必要かというと「事前準備」です。

事前に取材対象者の情報をしっかり洗っておくことが大事なのです。

お店のホームページやご本人のＳＮＳを覗いておくことはもちろん、ほかのメディアで取材されている記事などにも目を通しておきましょう。

私は、割とこれは当たり前のことだと思っているのですが、意外とできていない記者が多いと感じています。

しかし、やはり丸腰で取材に行ってはいけません。

私は、本の要約サービス「flier（フライヤー）」を運営する株式会社フライヤーでプロモーションの執行役員を務めていて、本の著者の取材に編集者と同行することも多くあります。

なかでも、よく取材を担当している編集部の松尾美里さんは、ものすごい事前準備の達人です。

本をしっかり読み込み、他メディアの記事や動画などもしっかりインプットした上で取材に臨みます。

事前準備がないと、基本情報をヒアリングしている時間が長くなってしまい、肝心なおもしろい部分にまで到達せずに取材の時間が終わってしまいます。

とくに、有名な方や経営者などは取材の時間が長くは取れないので、事前準備を十分にしておくことが大事です。

ほかのメディアに書いてあることは置いておいて、肝心な部分にだけ時間を割けば、仮に30分の取材だったとしても、しっかり話を聞くことができるのです。

取材の能力はもちろんですが、松尾さんの事前準備にはいつも驚かされます。

仮説以外にも事前準備をおこなうメリットはあります。

それは、ほかのメディアに書かれていないことを聞き出そうという気合いがみなぎってくるということです。

私は、むしろそのために念入りな事前準備を始めました。

「せっかく自分で記事を書くなら、ほかのメディアに書かれていないことを書きたい」

その思いから事前準備を始めることにしたのです。

そうすることによって、十分な事前準備と仮説を立てた上で、取材に臨むことができるようになりました。


仮説を事前に立てておくと、その仮説との差を感じながら話が聞ける。そのために事前準備は十分にしておく

仮説はズレていればいるほど「オイシイ」

事前準備をしっかりした上で、仮説を立ててから取材に入ります。

すると、取材で話を聞いていく中で、当然自分の仮説とのズレが出てきます。

前項で「推理モノの答え合わせ」と書きましたが、取材に関しては自分の仮説が合っていることが正なのではありません。

むしろ、仮説とズレている部分こそが、じつはものすごく大事なポイントになってくるのです。

私レベルでも予想できるようなことは、誰にでも予想できることです。

予想（仮説）に反するような出来事こそが、その人の魅力のひとつであることが非常に多いのです。

推理モノも、素人が予想できるような内容では売れません。

「こんなカラクリがあったのか！」という誰も気づかない意外な部分に、人は夢中になるものです。

それは取材に関しても同じだと私は考えます。

東京・高田馬場に、私が２０２１年に初めて食べに行った「博多ラーメン でぶちゃん」というお店があります。

じつは恥ずかしながら、店の前を通りがかるまでまったく知らなかったお店です。

近くの出版社で打ち合わせがあり、その後でラーメンを食べようとまわりを歩いていたら、店の前で強烈な豚骨臭を放つお店を見つけたのです。

これはタダモノではないと思って、入店し、食べてみたら大当たり。

仕事柄、ラーメンの情報は毎日のように入ってきていますし、名店や人気店の情報はある程度は頭に入っていたつもりでした。

ところが、まったく知らなかったお店だということもあり、逆に興味を持ちました。

それから「でぶちゃん」の店主・甲斐康太さんとの交流が始まるのですが、甲斐さんは私の仮説とのズレが大きすぎる店主でした。

こんなに美味しいラーメンを提供しているのに、まわりから全然情報は聞かないし、しかも当時の時点で６９０円という、とんでもない値段で提供しているのです。

そこで当初は「ここの店主は自分のラーメンの味の価値をわかっておらず、言葉を選ばずにいうとコミュニケーションのできない暗い方なのではないか」と仮説を立てていました。


実際に甲斐さんに取材をすると、15歳からラーメンの世界に入り、20年以上ラーメン一筋で生きてきた職人でした。

ご自分のラーメンの味にも絶対の自信を持っていて、豚骨ラーメンの熟成を科学的に解明しようという、かなり最先端の考えの持ち主だったのです。

それまでは、ほかのラーメン店主やメディアなどとは基本交流はせず（甲斐さんの言葉を借りると「鎖国していた」)、一人で研究を続けてきたそうです。

しかし、その後、業界のご意見番のような存在になり、ラーメンの価格も2年で690円から1100円になり、豚骨ラーメンのトップランナーとして活躍しています。

仮説を立てなければ、シンプルに取材して終わりだったかもしれませんが、仮説とズレていたからこそ、甲斐さんの魅力が見えてきたのだと思います。

直接本人に聞いていないので定かではありませんが、我々の取材も甲斐さんにとって多少刺激になったのではないかと感じています。

事前準備もせず、仮説も立てずに、丸腰で取材に行ってしまうと、この仮説とのズレのダイナミックな部分が拾えないのです。

オーソドックスで無難な取材になってしまうおそれがあります。

仮説とのズレをダイナミックに表現することで、取材対象者の個性を魅力的に表現することができるのです。

ラーメンを持つ「博多ラーメン でぶちゃん」の店主・甲斐康太さんとお店の外観

一見、面倒くさそうな作業かもしれません。
ですが、相手に興味を持つという点でも、一度仮説を立てておくとかなりギアを入れて取材に臨むことができるのでオススメです。

「仮説」とのズレこそがその人の魅力。せっかく聞くからには相手の魅力を引き出そう

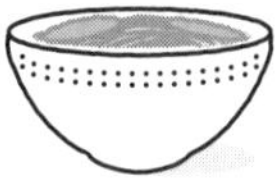

自分の頭の中にある引き出しから情報を引っ張り出す

「質問力」が現代の重要なテーマだと、いろいろな本やメディアに書かれています。

ＡＩが発展し、ChatGPTが登場。わからないことはChatGPTが何でも答えてくれますが、使いこなすためには、ChatGPTに的確な質問ができる「質問力」が大事です。

なんでもググれば答えを教えてくれる時代が続き、現代人の質問力が落ちてきているのではないかという議論もよく目にします。

しかし、私はそういう短絡的な問題でもない気がしています。昔の人は質問力があって、今の人にはないということではないでしょう。

昔も今も、質問力がない人にはないし、ある人にはあるということです。

ただ、ひとつ言えるのは、私もインターネット登場の前後を生きてきて、なんでもググれる時代になったことで、本来自分の頭にあるはずの情報を引っ張り出してくることが減ったとは感じています。

昔は調べると言っても、せいぜい辞書を引くぐらいだったので、何かを思い出そうと思ったときには、自分の頭の中にある記憶からひねり出すしかなかったわけです。

それを今は「思い出す」という工数を省いて、ググることで解決しています。

このこと自体は悪いとは思いません。

しかし「**自分の頭の中にある引き出しから情報を引っ張り出す**」**という作業は、じつはコミュニケーションにおいて大事なこと**です。

引き出しにストックがあっても、いざというときに情報が出てこないのは、あまりにもったいないでしょう。取材においても、引き出しからの情報がすぐに出せる状態にあることが大事です。それが質問力につながるのではないでしょうか。

私のよくやる「頭の中の引き出しから、情報を引っ張り出すトレーニング」を紹介しておきます。

・「山」のつく都道府県を３つ言ってみる
・山手線の駅名を順番に一周言ってみる
・プロ野球チームのスタメンを言ってみる

こういうゲームを暇な時間に自分でやってみる、これだけでＯＫです。

自分の興味がある分野の質問でいいので、自分で考えてトライするだけです。旅行が好きな人だったら「今まで行ったことのある都道府県と、そこで美味しかったものを挙げてみる」、映画が好きな人だったら「広くて観やすかった映画館を３つ挙げてみる」など、なんでもいいので、とにかく自分の記憶から情報を引っ張り出すことを定期的にやってみましょう。

これを続けることで、興味のあることに対してのアンテナと情報力を保ち続けることができるのです。**このトレーニングによって定期的に自分でアウトプットすることで、インプットしてきた情報がおのずと自分のものになっていきます。**

引き出しの多い人というのは、多くの情報をアウトプットできる人です。せっかくインプットしたものは、いつでもアウトプットできるようにしておきましょう。

私の場合は、「ガジェット通信」で書いている連載とYouTubeの連動企画で、毎月「ラーメンライター井手隊長の美味しかったラーメン月間ベスト5」というコンテンツを作っています。

1か月間で食べたラーメンを全て洗い出し、ベスト5を決めるという作業が毎月あるのです。これをやることで、食べたラーメン店の情報が整理され、記事とYouTubeでアウトプットすることで、完全に自分のものになります。

これで「最近美味しかったラーメン店ってありますか?」と聞かれたら、答えに窮することなくすぐに答えることができるのです。

年末にはYahoo!ニュースとYouTubeで年間ベスト10を決める企画もあり、これはさらに情報の整理になります。各月の月間ベスト5を集め、さらに自分の中で決選投票し、ベスト10を決めるのです。

2023年の年間ベスト10

第１位	Dad's Ramen 夢にでてきた中華そば	東京・自由が丘
第２位	ラーメン ひかり（光）	埼玉・川越
第３位	中華そば処 琴平荘	山形・鶴岡
第４位	桜上水 船越	東京・桜上水
第５位	らーめん 鉢ノ葦葉	三重・四日市
第６位	Japanese Ramen 五感	東京・池袋
第７位	食堂ニューミサ	新潟・上越
第８位	ラーメン屋	山口・徳山
第９位	ワンタンメンの満月 三鷹店	東京・三鷹
第10位	純麦	住所非公開

これも毎月の月間ベスト5があるからできる企画で、情報を定期的にアウトプットしていることで企画がさらに深まっていきます。

ちなみに、こちらが私の２０２３年の年間ベスト10です。ぜひ美味しいラーメン店探しの参考にしていただければ幸いです。

インプットした情報はアウトプットすることで身につく。すぐに情報を引っ張り出せるように準備しておこう

「今まで聞けなかった質問をどれだけできるか」で決まる

質問力をつけるトレーニングなどをたまに目にすることがありますが、テンプレートのような質問を全てに投げ掛けていても、何もおもしろいものは生まれないでしょう。自分でなくても、誰が聞いても同じものしか生まれないと思います。

私はそれよりも、やはり先ほどから書いている「仮説を立てる」ということが大事ではないかと考えています。

自分で仮説を持った上で質問を投げていくことで、テンプレートにはない質問が出てくるのです。

この仮説と現実とのあいだに生まれた結果が、質問力に似たようなものではないかと考えています。

つまり質問力とは、結果として出てくるものということです。

事前準備をしっかりおこない、頭の中の引き出しにしっかり情報を貯めた上で、仮説を立てておき、本番ですぐに情報を引っ張り出せるようにしておく。

これだけで、驚くほど質問力は進化していきます。

相手に「とてもしゃべりやすかった」という感想を持ってもらえると嬉しいものですが、それ＝「質問力がある」ということではありません。

質問力があるというのは、ほかの人では聞き出せないようなことを、質問によって引き出す能力ではないでしょうか。

つまり、コミュニケーション能力の問題だけではなく、質問そのものをどう自分の中で生み出していくかが大事です。

そのためには、テンプレートを磨くのではなく、前もって仮説を立てて臨むことが必要だと考えています。

実際、自分が取材対象者になったときのことを考えると、いろいろな記者から同じ話を何度も聞かれることをどう思うでしょうか？

「あー、またこの話か」と思われたら負けだと思います。

「この人に取材してもらってよかった」と思ってもらえることを目標にしましょう。

ちなみに、私は「とてもしゃべりやすかった」と「この人に取材してもらってよかった」は、まったく違う感想であると考えています。

では、どうすれば質問が生まれやすくなるのでしょうか？

質問力については先に書きましたが、事前準備と仮説立てをしっかりおこなった上で、どう質問を繰り出していくかを示していきます。

それは、相手が言っていることを都度「一般目線でもわかる内容なのか」確認していくことです。

取材対象者は何かしらの専門家であることが多いでしょう。そういう人が語る内容は、ある程度は専門的で、一般の人には距離があることが多いものです。

それを聞き手が、一般人代表として噛み砕いていくのです。わかりやすく言うと、一般の人でもわかる言葉、内容にして反芻《はんすう》していくイメージです。

そうすると、必ず疑問がひとつふたつ湧いてくるでしょう。目の前の言葉そのままだと湧いてこない疑問が、噛み砕いて理解しようとすることで湧いてくるのです。

たとえば「鶏や、豚の動物系のスープに、鰹節等の魚介系を合わせてスープの旨味を倍増させます」と、これだけ聞いただけでは、情報として聞き流してしまいそうです。

しかし、一般目線に落として考えてみると「動物系に魚介系を合わせると、なぜ旨味が倍増するの？」という疑問が湧いてきます。

それを質問として投げ掛けると、スープの旨味成分の掛け合わせについて、もっと詳しい話が聞けるわけです。

さらにこの疑問から、店主のスープへのこだわりがより深く聞けるでしょう。

有識者の話は、聞いているだけだと説得力の塊です。パッと聞いた感じで納得できてしまう分、疑問がなかなか浮かんできません。

しかし、**そこを一回、一般の目線に落としてからとらえると、さまざまな疑問が浮かんでくる**と思います。

それをひとつずつぶつけていくことで、広い層にリーチし、理解してもらえる記事が仕上がっていくわけです。

一般目線に落として噛み砕くことで疑問が湧いてくる。広い層にリーチするには一般的な内容であることが大事

取材における「コスパ」「タイパ」とは？

仕事柄、私が取材やインタビューを受ける機会もよくありますが、聞き手によっては「すごくコスパが悪い聞き方だなぁ」と感じることが結構あります。

近年「コスパ」や「タイパ」という言葉をよく聞きますが、今はパフォーマンスが重視される時代です。同じお金を掛けるなら少しでもよいものを、同じ時間を掛けるなら少しでも有意義にという考え方です。

私は取材にも、パフォーマンスというのはあると思っています。

同じ時間を掛けるなら、いろんな意味で〝よい聞き方〟を目指すべきではないでしょうか。

「いろんな意味で」というのは、パフォーマンスはいろんな視点で語れると思っているからです。

たとえば、次のような視点です。

・短い時間で終わる取材
・ほかの人が聞かないことを聞き出す取材
・取材対象者が「いつもよりおもしろかった」と感じる取材
・取材対象者が「受けてよかった」と感じる取材
・時間は平均的だが、中身の濃い取材

ほかにも、いろいろと考えられると思います。

自分が聞き手として、どこに向かいたいのかという明確な目標を持つことで、よりパフォーマンスの高い聞き手になっていけるのではないでしょうか。

なんにしても、コスパの悪い取材は話し手の印象に残りません。むしろ悪い印象が残る可能性すらあります。

いただいた時間で、どうよいパフォーマンスをするのかを、きちんと考えるようにしましょう。

コスパ・タイパと言えば、オンライン取材についても思うところがあります。

コロナ禍を境に、オンライン取材が当たり前の時代になりました。

昔はテレビ会議などというと、先進的な企業だけが導入していたイメージでしたが、今では誰でも使えるツールも増え、オンライン取材もだいぶ増えてきました。

それこそ、コスパ・タイパの両面から考えれば、オンライン取材はパフォーマンスのよいものだと言えるでしょう。

移動の手間が省けますし、その時間を事前準備に費やすこともできます。

しかし、**私がひとつ言いたいのは、対面取材にするかオンライン取材にするかについては、聞き手側からは提案すべきではない**ということです。

オンライン取材は、聞き手側にとってはほぼ間違いなく、コスパ・タイパがよい手段でしょう。

では、取材対象者にとってはどうでしょうか？

全員が全員、オンライン取材のほうが、コスパ・タイパがよいと考えるでしょうか？

自分が取材を受ける側になったことを考えると、もちろんオンライン取材のほうが好都合なこともあります。

しかし、対面のほうが話しやすいと思うこともあります。

たとえば、写真撮影があったり取材で実物を見せたりする可能性を考えると、対面のほうがふさわしいと言えます。

そういったときに、聞き手側からオンライン取材を前提として提案されると、若干、違和感を覚えるでしょう。

対面がよいかオンラインがよいかは、取材対象者に決めてもらうべきです。

遠方で、どうしても現地に行けない場合などは仕方ないかもしれません。

しかし原則として、聞き手側が自分の都合でオンライン取材を提案するのは、じつは失礼なことだと思っています。

これは本当によくある話なので、注意しておくといいでしょう。

同じ時間を掛けるならよい聞き方を。対面取材にするかオンライン取材にするかは、聞き手側から提案しない

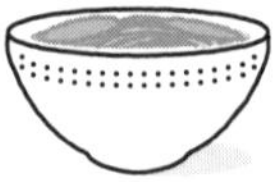

本当の失礼とは「見えないものだ」と心得よう

子どものころ、親からしつけを受ける。これは誰でも経験したことがあるでしょう。たとえば「椅子には姿勢よく座る」「言われたら、はいと答える」「何かをしてもらったら、ありがとうと言う」「人に会ったら挨拶する」などということです。

おそらく多くの方が、そういうしつけをされてきたはずです。

社会人になってからも、礼儀やマナーについて教わってきたと思います。

・部屋に入るときはノックをする

・人に会ったときは頭を45度下げて礼をする
・相手が椅子に座るまで、こちらは座らない
・名刺は相手のほうに向けて渡す

こういった社会人としての礼儀やマナーを、新入社員のときに教わったことがある人は多いでしょう。

しかし、取材など聞くことにおいて「失礼」というものは、目に見えるものだけではないということを心得たほうがいいでしょう。これはどの職業であろうと、営業の現場や企画の打ち合わせなどでも言えると思います。

私が日ごろ気をつけていることとしては、大きく次の3つがあります。

①ホームページに書かれているようなことを安易に聞かない

事前にホームページなどに目を通しておくことは当たり前です。

誰でも目を通せばわかる内容である上、貴重な時間の無駄にもなりますし、相手としても「何も調べてきていない」ということがすぐにわかってしまいます。

②食べに行っていないお店に取材に行かない

私が取材や番組で行くお店を選ぶときは、必ず一度は食べに行って美味しかったお店に行くようにしています。

それは、食べにも行っていないお店にいきなり取材に行って、もし好みじゃなかったらどうするのだろうと普通に考えるからです。

しかし実際には、食べに行っていないお店に、何の抵抗感もなく取材に行く人が多いようで驚きます。

唯一の例外として、私が「AERA dot.」で書いている「名店の店主が愛する名店」をリレーでつなげていく連載（「ラーメン名店クロニクル」）に関しては、店主からのご紹介で次のお店につながっていくため、取材で初めて伺うお店がいくつかあります。

このときは紹介までいただいているので、なおさら失礼のないように、しっかりと準備をして取材に臨むようにしています。

③ つねに相手の時間や都合を考える

取材対象者の方は私のために、わざわざ貴重な時間を空けて対応をしてくださっています。

媒体や番組の力にあぐらをかいて、失礼な態度をすることは絶対に許されません。

私もたまにですが、テレビ番組でお店を何軒か紹介する機会があります。

その際、番組のスタッフさんが失礼な対応をして、お店に取材ＮＧを出されてしまうことがよくあります。

・取材依頼の電話はピーク時には絶対にしない。アイドルタイムに掛ける
・30分で終わる取材に、１時間も２時間も時間をいただかない
・営業を止めてもらって取材するのではなく、できるだけ営業時間外で取材する

つねに「取材を受けてくれる方の貴重な時間をいただいているのだ」ということを忘れてはいけません。

メディア関係の人で、この視点が抜けている人は本当に多いです。

失礼をしなければ絶対に取材できるのに、失礼な態度を取ってしまったがために取材ができなくなる……。

これでは本末転倒だと思います。

聞くことにおいての「失礼」はマナー以外にある

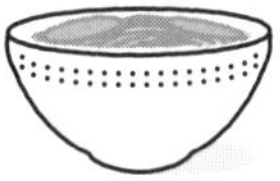

カットを恐れない。切り口をいくつも用意しておく

たとえば、あなたが戦国時代に生きていて、これから戦に出るとします。そのとき、武器はいくつ持っていきますか？

槍だけを持っていって、相手が鉄砲を持っていたらどうなるでしょうか？

戦に勝つには肉体的な強さや作戦も大事ですが、有効な武器をどれだけ持っているかがすごく大事です。

プロ野球選手が地方に遠征に行くのに、バットを１本しか持っていかなかったらどうなるでしょうか？

そのバットが練習で折れてしまったら、試合のときはどうするのでしょうか？

取材も、これと同じです。取材のときにバットを1本しか持っていかなかったら、折れたら終わりなのです。

とくに、取材対象者が気難しい方だったり、壁を感じる方だったりする場合、バットが折れることは本当によくあることです。

こういうときのために、2本目、3本目のバットを用意しておくことが重要です。2本目、3本目のバットとは何かというと、切り口をいくつか持っておくということです。

先に書いた「仮説を立てる」という工程の中で切り口を増やしておきます。具体的には、予想をいくつか立てておくということです。

2本目のバットを持っても、同じ打ち方をしていたら、またバットが折れてしまうかもしれません。

2本目のバットでは、違う球を待てるようにしておくのです。

切り口をいくつか持っておけば、バットが折れてしまうことを恐れずに聞くことができます。

質問を投げてみて相手の反応が悪い場合は、切り口を変えて、違うテイストの質問を投げていく。

これを繰り返していくことで、何かしらの突破口が開いていきます。

たとえば、地方の老舗ラーメン店を取材する場合には、次のような切り口です。

・この場所でお店を続けることの大変さ
・先代からお店を引き継いだときの苦労
・原材料などの高騰《こうとう》で、昔のように安く提供することの難しさ

この3本を持っておき、相手の反応を見ながらバットを替えていくイメージです。

3本のバットのうち1本がメインになれば、それが取材の軸になっていきます。

このとき、3本を全て成立させようとするのは欲張りです。うまくいかなかった質問は大胆にカットする。それでいいのです。

うまくいかないものに時間を掛けて質の悪いものを作るよりは、大胆にカットし、次のバットに切り替えて新しい球を待ったほうが、絶対によい結果につながります。

必ずバットは3本用意。その中で使えるバットは1本

第2章

自分語りする人の「鎧」を外す秘訣とは？

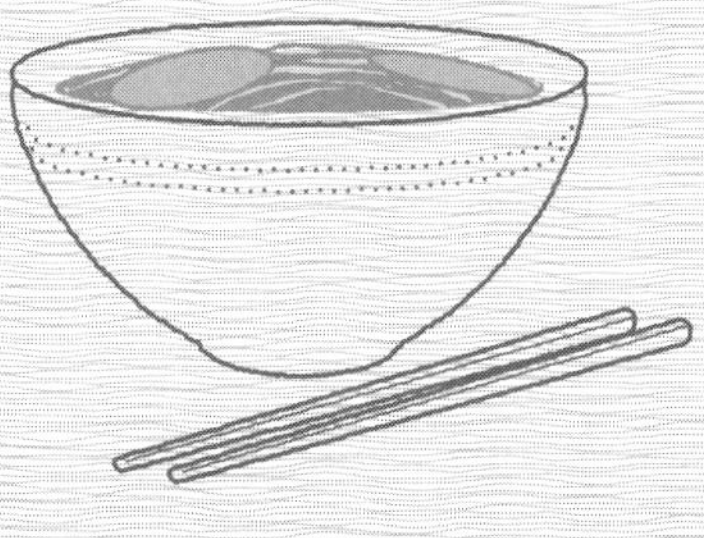

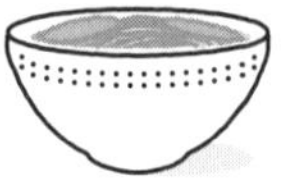

「しゃべりまくる人」ほど、その場での対策が必要

世の中には「とにかくしゃべりまくる」という人が結構います。

私が取材する相手でいうと、ラーメン店主にはあまりいないのですが、経営者やビジネス書の著者などに、マシンガントークの方が割と多い傾向にあります。

こういう方はしゃべるのが得意なので、ひとつの質問に対してどんどんしゃべってくれます。

自分語りが得意で、自己分析もしっかりとできており、アピールポイントもしっかりと事前に整理されているので、どんどん答えが出てくるのです。

このパターンは一見、短い時間で十分な撮れ高があり、理想的な取材になると思いがちですが、じつはそれとはまったく逆です。

もっと言うと、事前に自分が最大限アピールできる内容を、しっかり固めてきているので、完全な「宣伝広告」にもなり得てしまいます。

たくさんしゃべってくれることは、もちろんありがたいのですが、取材が相手の自己アピールの場かというと、それはまた違うのです。

これは、下手すると聞き手としての質も問われるので、このパターンが来た場合は注意しましょう。

相手がしゃべりまくる人の場合、完全に主導権を握られてしまいがちです。

しゃべる側が気持ちよくしゃべれる環境を作ることは、一般的には理想なのですが、しゃべりまくる人の場合は、一概にそれがベストとは言えないでしょう。

しゃべりまくる人は、自分をアピールするための、そして自分の弱みをガッチリ包み込むための最強の「鎧」を身につけています。

四方八方から攻撃されても、絶対にやられない「鎧」です。

この「鎧」を崩せるかどうかが、聞き手の腕の見せどころです。

相手を無意味に攻撃しろ、ということではありません。

想定内の攻撃しかしないのではなく、相手が意図しない戦い方をすべきだということです。

しゃべりまくる人が相手の場合、その内容は、ほとんどほかのメディアを調べれば書いてあります。

事前準備をしておけば、すぐに「これは、ほかで読んだことのある内容だな」と気づくはずです。

そういう「ほかにも書いてある」内容はノーカウントとして、この取材でしか聞けない内容にこだわりましょう。

相手がしゃべりまくる人であればあるほど、その場での対策、軌道修正が大事です。

軌道修正をとにかく繰り返して、オリジナルな撮れ高にこだわりましょう。

たくさんいる聞き手の一人、その他大勢になってはいけません。

相手に「この人に取材してもらってよかった」と思ってもらうためには「鎧」を脱いでもらうことが必要なのです。

この章では、そんなしゃべりまくる人の「鎧」を外す方法をお伝えしていきます。

しゃべりまくる人の「鎧」を外さなければ、取材をする意味なし

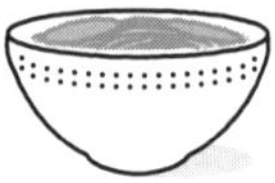

自分語りをする人は「マイストーリー」を語りたがっている

しゃべりまくる人の大きな特徴は「自分語り」をすることです。

自分語りをする人は、こちらの質問の内容にかかわらず、幼少期から時系列で「自叙伝」を話し始めます。

自分はこんな家庭に生まれ、幼少期はこんな暮らしをしていて、学生時代はこう過ごし、その後、こんな苦労をしたものの、その苦労を乗り越えて今がある……。

このような、時系列のダイナミックなストーリーを語ることが非常に多いです。

今の自分だけを語るよりも、過去の苦労などを交えて話すほうが、自分の人生を圧倒的にドラマチックに描くことができます。

それを勝ちパターンの「マイストーリー」として準備しているのです。

しかし、**この「マイストーリー」こそ、ホームページやほかのメディアに確実に載っているような話で、誰でも知り得る内容**なのです。

これでは、まったく取材の意味はありません。

マイストーリーを語れるようになるというのは、話し手としてのひとつの技術ではあります。

それに対して、どうこうは思いません。私も取材を受けるときは、マイストーリー的な話し方をすることもあります。

ですが、**マイストーリーというのは、ハッキリ言って「できすぎた話」**なのです。それをそのまま載せるのはホームページで十分でしょう。

取材においては、マイストーリー以外の軸を作るべきだと思います。

マイストーリーの中にある事柄は、基本的には「オモテ」の話です。

過去の苦労話などがマイストーリーにちりばめられていることも結構あり、それは一見「ウラ」の話に見えますが、じつは「オモテ」の話を引き立たせるためのスパイスでしかありません。

人は、この「オモテ」ばかりのできすぎた話を求めていません。

大きな国道だけではなく、たまには裏道に入ってみましょう。そこにおもしろさが見えてくるものです。

マイストーリーの外に何があるのか。ここに足を踏みいれることが聞き手としての役割です。

そのためにも事前準備をしっかりし、マイストーリーは頭に叩き込んだ上で、その先に何を聞くのかいくつか質問を練っておきましょう。

ちなみに、こういったとっておきの質問は、先方に事前に「質問事項」として投げてはいけません。

その場で突発的に答えてもらうことが大事で、私はそこに取材の価値があると考えています。

繰り返しますが、マイストーリーを完全に否定するわけではありません。

マイストーリーというオモテの国道の隅にある裏道を通ってみると、意外とそこにお宝が潜んでいるという話です。

自分語りの多い人を取材するときは、宝探しをしているつもりでいろんな裏道を通ってみましょう。

マイストーリーの裏道にあるお宝を見つけてこそ、一流の聞き手

じつは人は「自分の魅力」をよく知らない

「あなたの魅力はなんですか？」

そう聞かれたときに、ちゃんと答えられる人はどれぐらいいるのでしょうか？

そもそも、人から見た自分と自分が見た自分は違うものです。

むしろ、**人のいいところはすぐわかるのに、自分のいいところというのはなかなかわからないというのが現実**なのではないでしょうか。

これは私もそうです。人から言われて、初めて自分の魅力に気づくということは、誰にでも経験のあることでしょう。

つまり人は、じつは自分の魅力についてよくわかっていないということです。

自分語りの多い人においても、マシンガンのように話はしてくれますが、本当のその人の魅力については語られないということが非常に多いです。

さんざん自己分析を重ねてきたはずなのに、人というのは自分のよさに気づかないものなのです。

これは、永遠のテーマなのかもしれません。

ですから、そんな**人が自分では気づかない魅力を引き出してあげることこそが、聞き手としての醍醐味《だいごみ》**です。

「この人は、過去の苦労話ばかりをしているけど、意外と自分のラーメンがオンリーワンであることに気づいていない」

「この人は、ラーメンの味のこだわりについてずっと語っているけど、それよりもじつは経営的な視点が素晴らしい」

取材で話を伺いながら、こういう「自分には見えない魅力」に気づくことは本当に多いです。

そこで、相手の熱量どおりに記事をまとめるのではなく、素直に「凄い」と思ったことを軸にまとめてあげる。

これこそが、記者のすべきことだと考えます。

相手の真の魅力を引き出してあげることに主眼を置いてみると、記者やインタビューという仕事も捨てたものではないなと思います。

東京・北千住に「麺屋音」という煮干しラーメンの名店があります。

店主の原直樹さんは居酒屋出身で、２００３年に亀有でつけ麺店「天翔」を開業しました。

「天翔」は、つけ麺のつけダレをＩＨヒーターの上に載せ、スープの冷めないつけ麺をウリにしていたお店でしたが、ここで食べた限定の「濃厚煮干しそば」が本当に美味しく、私はＳＮＳ・ブログで当時つけていたランキングの１位に選び、YouTube で取材に行きました。

「麺屋 音」の店主・原直樹さんと
濃厚煮干しそば

店主の原さんは、もちろんそれまでも自信を持って煮干しそばを提供していましたが、あまりの反響に煮干しそばを軸にした店を作ろうと決意（もちろん私だけが口コミをしたわけではありません）。

その後２０１３年、北千住に「麺屋音」をオープンし、東京を代表する煮干しそばの名店を作り上げました。

普通ならば「天翔」に行ったら、つけ麺を食べるのがセオリーだったはずです。

ここで、煮干しそばを注文して食べて「こっちのほうが美味しい」と言い切れる勇気が大事なのです。

そのためには、素直に「凄い」と思ったことを表現すればいいのです。けなすわけではなく褒めているわけで、言われた側も悪い気はしないでしょう。

「凄い」と思ったことは堂々と表現しましょう。

視点を変えて、営業や販売という仕事においては、相手の真のお悩みや課題感を見つけることが大事です。

会社の中に入ってしまうと、内部にある本当の課題や他社との違い、ウィークポイントなどが意外と見えてこないものです。

それを話の中から引き出して、解決に導いてあげる。それこそが、営業担当に求められるスキルだと思います。

とにかく、ほかで語られていない魅力や課題にフォーカスすることです。

素直に「凄い」と思ったことを表現する

相手を「裸」にするには思い出話が最適

自分語りをする人は、どんな質問を投げ掛けても、自分のマイストーリーにつながるような話し方をするということは先に述べました。

マイストーリーを語ることが、自分にとっての勝ちパターンだと信じきっているので、必ずその流れに話を持っていくという傾向があるのです。

その流れに乗ってしまうと、相手は完全に強固な「鎧」を着たまま、最後まで話を続けていきます。しかし、**よい聞き手は、その「鎧」を外す＝相手を「裸」にすることができる**のです。

相手を「裸」にするためには、向こうが予期していない想定外の質問を打つことが効果的です。

ただ、完全に的外れの質問を投げ掛けてしまうと、一気に空気が悪くなり、話が続かなくなっていきます。

いろいろなタイプの相手がいるので、どんな質問をしようか迷ってしまうと思いますが、ここでは私がよく使う必殺技をお伝えしましょう。

それは「幼いころの思い出話」を聞くことです。

私がラーメン店主の〝人物〟にフォーカスした取材をするときは必ず、幼いころのラーメン体験を聞くようにしています。

ラーメンの食べ歩きを始めたころの話や、ラーメンを初めて作ったときの話などを聞く前に、幼いころにどんなラーメンを食べていたかを聞くのです。

そこに、撮れ高や内容は関係ありません。とにかく相手の「鎧」を外す＝相手を「裸」にするためにその質問をするのです。

「おじいちゃんに連れられて地元の町中華に行っていました」

「お父さんが釣りの帰りに連れていってくれるラーメンがとても美味しくて、それが思い出です」

「両親が共働きで、家で食べていたカップヌードルが原点です」


答えは何でもいいのです。

まず、幼いころの話を聞くことで、マイストーリーからスタートさせず、ある程度、聞き手が質問の主導権を握りながらスムーズに取材を進めていくことができます。


このとき「幼いころは、とくにラーメンを食べていませんでした」という回答でも問題ありません。

その場合は「ではその後、なぜラーメンに興味を持ち始めたのか？」というところに話をつなげていけばいいからです。

ラーメン店主ならば、必ずラーメンとの最初の接点がどこかにあるはず。

私の経験上、まずは幼いころの思い出話から聞き、相手を「裸」にしてから取材を進めていくと、マイストーリーだけに終始することなく、スムーズに話を聞くことができました。

テクニック的なことを述べましたが、そもそも有名ラーメン店の店主が、幼いころどんなラーメン体験をしていたかというのはとても興味深い話です。

取材のアイドリングトーク的に使っていますが、最終的な原稿に活かしていることがほとんどで、そういう意味でも価値の高い話題だと思っています。

最後に、最近取材したお店の店主の幼いころのラーメン体験をいくつか紹介します。

●「麺屋 真心」（埼玉・日高）店主・日塔涼さん

「日本有数のラーメン県である山形県出身で、外食といえばラーメン、家にお客さんが来るとラーメンを出前するのが当たり前だった。家のまわりには200メートルごとにラーメン店があったという。当時好きだったのが寒河江市にある『福家そばや』のワンタンメンだった」

●「㐂《き》九《く》家《や》」（東京・青梅）店主・大野喜久さん

「両親が共働きで、昔から自分で料理を作る生活だった。日々台所に立つのは当たり前で、将来の仕事として料理に非常に興味があったという。高校時代に東京・中野にある名店『青葉』に食べに行ったのが、ラーメン好きになったきっかけ」

●「柳麺 呉田 -goden-」（埼玉・北浦和）店主・中野憲さん

「兵庫県神戸市出身で、高校2年生で地元の老舗の名店『もっこす』でアルバイトを始めたのが、ラーメンにハマったきっかけ」

●「中華蕎麦 瑞山《ずいざん》」（埼玉・朝霞）店主・初谷《はつがい》智久さん

「栃木県佐野市生まれ。佐野は『佐野ラーメン』が有名で、外食といえばラーメンという幼少期だった。親が料理上手だったこともあり、子どものころから料理が好きで、中学1年生のときには、すでに『将来は料理人になる』と文集に書いていた」

「麺屋 真心」の店主・日塔涼さん（右上）、「㐂九家」の店主・大野喜久さん（右下、埼玉・所沢の「㐂九八～エキチカ～」にて）、「柳麺 呉田 -goden-」の店主・中野憲さん（左上）、「中華蕎麦 瑞山」の店主・初谷智久さん（左下）

いかがでしょう。

こう読んでみると、一気に興味が湧いてきませんか？

まず幼いころの思い出話を聞くことで、聞き手が質問の主導権を握りながらスムーズに取材を進められる

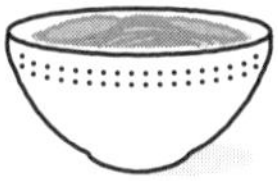

時系列に並べると本質が見えてくる

自分語りが多い人のマイストーリーを崩すには、まずはその人の歴史を細かく時系列で見ていくことが必要になることが多いです。

先に述べた幼いころの思い出話を聞いてから、その後どのような学生時代を送り、どのようにして今日まで歩んできたのかを、時系列で聞いていきます。

基本的に、マイストーリーは「自叙伝」なので、時系列で語られることが多いのですが、少しずつ「抜け」の部分があります。

マイストーリーが挟まってきて、話が横道に逸れてしまった場合にも、いったん途中で間をおいて「抜け」の部分に話を戻します。

このように、ていねいに時系列で話を聞いていくことによって、だんだんと話の本質が見えてくるようになるのです。

先に述べた「真の魅力を聞き手が引き出す」という意味でも、マイストーリーにそのまま乗っかるのではなく、ていねいに時系列で話を聞くことです。

聞き手が素直に「凄い」と思った出来事やターニングポイントなどにフォーカスして、話を膨らませていきましょう。

学生のころ、日本史や世界史の授業で、年表で歴史上の出来事を学びました。

歴史を「点」でとらえるのではなく、年表を使って時系列でとらえていくことで、点と点がつながり「線」になっていきます。

日本史の年表の下に世界史の年表がついていて、日本でこういう出来事が起こっていたときに、世界ではどんなことが起こっていたのか、という視点で学習したこともあると思います。

・新羅《しらぎ》が滅びた935年には、日本では平将門《たいらのまさかど》の乱が起こっている

・豊臣秀吉が刀狩令によって兵農分離をおこなった1588年は、イギリスがスペイン無敵艦隊を撃退した年
・アメリカで南北戦争が起こった1861年の前年（1860年）には、日本では桜田門外の変で大老・井伊直弼《いいなおすけ》が暗殺され、1862年には生麦事件が起こっている

このように、**時系列で多角的にものを見ることで、違う視点が生まれる**のです。

たとえば、東京で「環七《かんなな》ラーメン戦争」が起こっていたときに、ちょうど大学生だった店主であれば、1980年代後半から1990年代に掛けてのラーメンブームとともに、大学時代を過ごしてきたのだということがわかります。

このころ、東京都大田区を起点として江戸川区まで環状に結ぶ東京都道318号環状7号線（環七）沿いに、多数のラーメン店が現れ、連日ラーメン店に向かうタクシーや乗用車がひしめき合っていたのです。

ほかにも、1996年に新宿の高校に入学した人であれば、新宿の小滝橋通りそばにある「麺屋武蔵」が大ブレイクした年だということがわかり、「武蔵」との接点を聞く

ことができます。

こういった事柄は、時系列で聞いていかないと、意外と抜けてしまうような情報です。

このように、時代とその人の歴史を重ね合わせることで、より多面的に物事が見えてくるのです。

時系列で多角的にものを見ることで、違う視点が生まれる

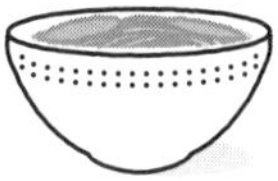

知らないこと、わからないことのスルーはＮＧ

聞き手として、最低限の知識が必要であることは言うまでもないことでしょう。

それから、下調べの時点で調べられることは、できるだけ調べておくということも必要だと言えます。

ですが、それでも実際の取材現場では、どうしても知らないこと、わからないことが出てきてしまう場合もあるでしょう。

そういうときに、知ったかぶりや、わかったふりをしてはいけません。

「○○、当然ご存じですよね？」

「□□って言葉、聞いたことがあると思うんですけど」

このように、話し手が「当然この情報はあなたも知っていますよね」というふうにして、話を進めようとする場合があります。

とくに、相手がしゃべりまくる人の場合、つい勢いに流されてしまうかもしれませんが、こういうときに知っているふりは禁物です。

「存じ上げませんでした。不勉強ですみません！」
「ちょっと知らなかったので調べてみますね」

いったんは自分が知らなかった、わからなかったことを表明し、話を流してしまわないことが大事です。

もし、それが常識的なことだったとしても、自分が知らなかったことは確かです。その理解が不十分なまま、話を１００％理解できるわけがありません。

向こうも専門家ですので、こう言われたらていねいに教えてくれます。

場合によっては、相手から「この人、勉強不足だな」と思われるかもしれません。そのときは反省しましょう。

それでも、**知らないことを放置して記事を書いてはいけない**のです。必ず知らないこと、わからないことが出てきたら、その場ですぐに解消しましょう。

知らないこと、わからないことが出てきたら教えてもらおう。反省すれば済む

経営者は「そんなに調べてきてくれたのか」で喜ぶ

仕事柄、経営者や社長にインタビューをすることもよくありますが、そういうときは圧倒的に自分には「経験」と「人間力」が足りないなと感じます。

経験というのは、長年の年月を掛けて培われるものです。お金で買えるものではありません。

ベテランの方の歴史や経験に、こちらが追いつけるわけはないのです。

私が執行役員を務めている株式会社フライヤーのＣＥＯである大賀康史さんが、よく言っている言葉があります。

「一流の経営者に経験で勝てるわけがない。若者がそういう方と対等に話をするためには、圧倒的な知識量が必要だ」

大賀さんは、フライヤーを立ち上げる前、経営コンサルタントの仕事をしていました。一流の経営者を前にコンサルティングをおこなうときに必要なのは、圧倒的な知識量でした。

プロジェクトの合間の休みの日に本を何十冊も買って、図書館でまとめて読み、知識を蓄えるということをしていたそうです。

大賀さんの話でも学んだことですが、経営者や社長に取材をするときには、虚勢を張るのではなく、相手がびっくりするぐらい、その会社や相手のことを調べていくことがいいでしょう。

当たり前と思うかもしれませんが、この当たり前をしっかりやっていくことが大事なのです。

経営者の方は、自分が大事に育ててきた会社について、しっかりと調べてきてくれたこと、これに喜んでくれます。

どんなに経験のない記者であっても、きちんと調べてくることで、誠意を伝えることはできるのです。

誠意というのは、経験で補えるものではありません。

誰にでもできることだからこそしっかりとおこない、誠意を見せていくのです。

誠意が伝われば、たとえこちらが少し未熟であったとしても、相手は広い心で受け止めてくれます。

虚勢を張るのではなく、まず誠意を見せることに注力しましょう。

とにかく準備。経験や人間力では敵わないが、誠意で負けることはない

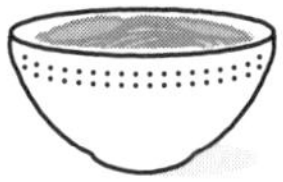

「愛」があれば厳しく突っ込んでも嫌がられない

芸能関係などの記者会見で、記者の質問が「やりすぎ」「心がない」「失礼だ」として SNS上で炎上することがよくあります。

しかし、記者であれば、時に厳しい質問やツッコミを入れなければいけないシーンも出てくるでしょう。記者は厳しい質問やツッコミをしてはいけないのでしょうか？

記事を書く際に、当たり障りのない情報だけで原稿を構成するのは違うと思います。

よいニュースにせよ、悪いニュースにせよ、そのネタにどう深く切り込めるかが、記者やインタビュアーとしての力量ではないでしょうか。

ただし、ひとつ気をつけなければならないことがあります。
それは、そこに「愛」があるのか、ということです。

愛というと、体がむず痒くなるような感覚になるかもしれませんが、取材する相手に対する愛や熱はとても大事だと実感しています。

人によっては、自分の書く記事自体や、取材している自分自身への愛が強く、肝心の取材する相手のことをまったく考えずに、ズケズケと厳しい質問やツッコミを入れている例も多く見受けられます。

そういう記者の行動が、炎上につながってしまうのです。
「愛」の対象は自分ではなく、相手です。
それを忘れずに意識しましょう。

たとえば、閉店してしまうお店の店主に対して、一度も店にラーメンを食べに来ていない記者が「なぜお客が来なくなったんだと思いますか?」とストレートに聞くと、とても失礼に感じます。

しかし、もともとそのお店のラーメンが好きだった記者が、こう聞いたらいかがでしょうか。

「あんなに美味しいラーメンを出していたのに、閉店になってしまうのは本当に残念です。なぜこうなってしまったのか、理由を教えてください」

これは失礼にはあたりません。

私も、ラーメン店の閉店の記事を書くことは多くありますが、閉店する店としては、取材を受けたところでお店の売り上げにはつながりません。

お店に何のメリットもない中で、取材をさせていただけるのはなぜか？

それはやはり、そこに「愛」があるからだと思います。

たくさんのファンを喜ばせてきたお店の歴史や、今までやってきたことをしっかりと残し、多くのファンに読んでいただくために閉店の記事を書くのです。その前提がなく、ただ単に取材に行って、心ない質問を投げるから炎上してしまうのです。

「なぜ、このネタを扱おうとしているのか」
「なぜ、この記事を書こうとしているのか」

ここにしっかり立ち返って考えることが非常に大切だと、炎上が後を断たない近年とくに思います。

厳しい質問やツッコミが許されるのは、そこに「愛」がある場合だけ

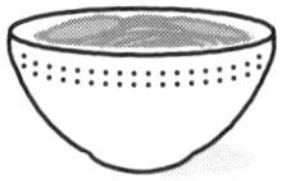

聞く技術以上に、聞く姿勢が問われる場面とは？

前項で触れましたが、仕事柄、閉店するお店の取材をすることがあります。お店側からすれば、私の取材を受けたからといって、直接的な利益は生じません。基本的には「お店の宣伝になる」と思って取材を受けてくださるわけです。

ですから、これから閉店するお店への取材というのは、お店側のメリットがほとんどありません。

そういった状況の中でも、ラーメン業界のこれからのために受けてくださる方や、取材するのが「井手隊長だから」と受けてくださる方がいるのは、たいへんありがたいことです。こういうときこそ「単なる記者になってはいけない」と、いつも以上に心に言い聞かせています。

これは、技術的にすぐれた取材をしよう、という意味ではありません。

喜んで閉店するという店主はいません。みなさん、苦渋の決断で閉店という道を選んでいるのです。

その中で、淡々と閉店についてインタビューするのはどうかと思います。**閉店するお店の取材は、いつにも増して、しっかり相手の気持ちに寄り添うことが大事です。**

こちらの店主は、どんな気持ちでお店を続けてきて、最終的に閉店という道を選ぶことになったのか……。それを、上っ面の情報や売り上げ、客数などの話だけではなく、きちんと相手に寄り添って取材をすることが、ものすごく大事なのです。

記者側からすれば、単なる1本のニュースかもしれませんが、店主側とすれば、一生に一度のことかもしれません。

閉店を転機として、新たな人生を歩み始める店主の方もたくさんいます。こういうと

きの聞く姿勢は、聞く技術を身につける以上に大事なことです。

取材する相手に愛を持って接すれば、一生に一度の舞台かもしれない場で、淡々と閉店について取材し、いつもと同じように記事をまとめるということは、おそらくできないのではないでしょうか。

聞く姿勢は聞く技術に勝る。相手の気持ちにきちんと寄り添って

プレスリリースが万全な「自分語り企業」でも応用可

広報やプロモーションがしっかりした企業は、自分語りする人と同じで成功パターンを持っています。ゆえに、その文脈に持っていこうとするのです。

「鎧」の外し方については、対人のときと同じです。先に述べた手法は、対企業の取材や営業のインタビューなどにおいても有効なのです。

「隙がない企業」こそ、プロとして聞き甲斐があります。その企業に対して、自分が感じた魅力や疑問などを素直に繰り出していく、これが基本です。

逆に、相手から営業を受ける場合にはさらに有効です。

営業マンは、完全に成功パターンを決めてくることが多いので、その流れに完全に乗ってしまうのではなく、事前に簡単に資料などを読んでおき、疑問点などを洗い出しておきましょう。

そのときに感じた素朴な疑問を投げ続けることによって、完全に相手主導のコミュニケーションから抜け出せるはずです。

ポイントとしては、相手の企業の強みと弱みを自分なりに考えておくことです。相手の企業の強みを称えながら、一方でそこに弱点があるのではないかと頭の片隅に置いておくことによって、完全に相手に主導権を握られず、その仮説と照らし合わせながら話を進めることができます。

この場合も仮説が大事です。もちろん、相手を称えることは大事ですが、仮説として弱点を予想しておくことは失礼にはあたりません。

むしろ、その仮説で設定した弱点と実際の会話の内容とのギャップを埋めていく流れの中に、本質が見えてくるということになるのです。

私もフライヤーで広報の仕事をしているので、フライヤーを語る際の成功パターンを持っています。記者が丸腰の方だと、この成功パターンをそのまま語り、そのまま記事にすることができます。

プレスリリースに書くような内容がそのままメディアに出せるわけですから、これは広報担当としてはとても楽な取材なのですが、一方で「果たしてこの記者が取材に来た意味はなんだったんだろう？」とも考えてしまいます。

厳しい質問が来たときのために準備もしているのですが、少し肩透かしを食らった感覚になります。

せっかく取材をするのであれば、相手の「鎧」を外してみてはいかがでしょうか？

「自分語り企業」に対しても、自分が感じた魅力や疑問などを素直に繰り出していくことが有効

第3章

苦手な人からも「心の声」を聞くためのコツ

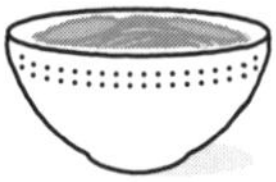

レジェンドクラスとは突然会えるもの

イメージ的に「怖い」と思われている方や、業界のレジェンドクラスの方に取材をすることになったとき、どんな気持ちになるでしょうか？

きっと、そんなときは誰でも焦ると思います。

しかし、こういう機会というのは、意外と突然訪れるものです。

とくにレジェンドクラスは、スケジュール的にもちろん暇ではないので、いきなりOKが出て、唐突に取材の機会が訪れるものなのです。

「今日の昼3時からなら空いています」

こんな連絡をきっかけに、いきなり今日の今日、レジェンドクラスに取材をすることになったら、誰でもあたふたすることでしょう。

経営者への取材の項でも書いたように、こういうレジェンドクラスには、経験や人間力で敵うわけがありません。

虚勢を張ったり、自分を大きく見せたりすることなどは、全て無駄となります。むしろマイナスに働き、取材がうまくいかないでしょう。

こういうときは、とにかく素直さと謙虚さが大事です。

私のやっているYouTubeの番組で、ラーメンイベントで中継をするという企画があります。そこに「支那そばや」の佐野実さんが、急に出演できるということになったことがありました。

佐野実さんといえば「ラーメンの鬼」と呼ばれたラーメン界のレジェンド・オブ・レジェンド。

インターネットのない時代に、全国の食材を自分の足で探し回って、至高のラーメンを生み出した偉大な方です。

佐野さんなしに、今のラーメン界はなかったと言ってもいいでしょう。


以前、一度ご挨拶をしたことがありますが、もちろん先方は私のことを覚えているはずもなく、しかも、自分の番組に佐野さんをお呼びするということで、自分が番組を回さなくてはなりません。

堂々と胸を張り、佐野さんに誠実にお話を伺う。それしか、私のできることはありませんでした。しかし、それでよかったのだろうとも思っています。それ以上のことは何もできないからです。


前々から佐野さんが出演されると知っていたら、もっと準備できたことがあったかもしれません。

しかし、**こういうチャンスは急に訪れる**のです。そういうときは、素直に誠意を尽くし対応することしかできないでしょう。

「支那そばや」の創業者・佐野実さんと
醤油そば

また、そこに対して、レジェンドクラスが怒ることは滅多にありません。そこまで名の通ったレジェンドクラスであれば、そんな細かいことには怒らないのです。

むしろ、虚勢を張ったり、誠意を感じられなかったりすることのほうが、マイナスに映るでしょう。

とにかく虚勢を張らず、誠実に。これしかありません。

何度も言いますが、こういう機会は突然訪れるのです。

レジェンドクラスには素直に、誠実に。これだけ！

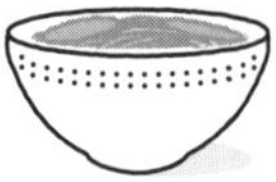

「取材拒否のお店」での取材で気をつけていること

私が「AERA dot.」で書いている連載は「ラーメン名店クロニクル」といって、名店の店主がご自分の愛する名店を紹介していくというリレー式の連載です。リレー式連載とはいえ、取材して書くのは私。次に取材する店は、名店の店主が毎回その場で指名します。というわけで、私は毎回、次にどこに取材するのかわからないという珍しい企画になっています。

つけ麺の元祖として知られる「東池袋大勝軒」からスタートし「支那そばや」「飯田商店」「金色不如帰《こんじきほととぎす》」など、誰もが知っている名店がずらりと名を連ねる連載です。

取材を受けてくださるお店は、毎回ラーメン業界を代表する名店です。そんな名店の店主が愛する名店として指名するので、時には取材拒否のお店の名前が挙がることもあります。

私が通常の流れで取材を申し込んだら受けていただけないようなお店が、名店の店主の紹介で取材ＯＫになることがあるのです。

こういうときは本当に緊張します。

取材拒否のお店なので、そのお店の情報は、最低限のものしかネット上に上がっていません。入念に下調べをすることも難しく、あとは本番に賭けるしかないのです。

一度、取材拒否のお店を営業時間中に、カウンター越しに30分だけ取材したことがあります。

このときの経験は今でも財産になっています。

店主さんは、ラーメンを作りながら私の質問に答えるので、カウンターを右往左往しながらしゃべっています。

当然、ＩＣレコーダーにも声は全然入っていません。

そもそも、自分の耳にさえ聞こえたり聞こえなかったりという感じで、これで記事が成立するのかと序盤は本当に心配になりました。

もちろん、このお店を紹介してくれた店主さんの顔もあるので、絶対に粗相はできないですし、正直なところ内心かなり焦っていました。

ですが、事前に作っておいた「必ず聞かなければいけない質問」をしっかり聞くことで、なんとか記事にまとめることができたのです。

この「必ず聞かなければいけない質問」を、前もって作っておくこと、これが非常に大事なのです。

取材拒否のお店に限らず、質問事項を事前に洗い出しておくことは大事なのですが、その中でも優先順位をつけておくことが、さらに大事になってきます。記事を作るために最低限必要な情報を、優先質問として持っておくことです。

下調べが入念にできなかったとしても、質問の優先順位をいつも以上に洗い出しておくことはできます。

優先順位については第4章に後述しますが、**あらかじめ「これだけは聞いておこう」というポイントをいくつか用意し、さらにその中に順位をつけておくと、スムーズに取材を進めることができる**ようになります。

事前に得られる情報が少ない分、絶対に聞き逃してはいけない質問をしっかり準備しておきましょう。

取材拒否店に取材するときは「必ず聞かなければいけない質問」を聞くことに集中しよう

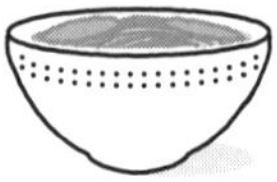

開き直って「自分は仕事で来ている」と言い聞かせよう

「苦手な相手に話を聞くのはしんどい」

「レジェンドクラスを前にしては、どうしても緊張してしまう」

これは誰でも、多少なりとも起こり得ることなので仕方がありません。

東京の江戸川区葛西にある名店「ちばき屋」の店主・千葉憲二さんに取材させていただいたときの話です。「ちばき屋」は、１９９２年に創業。東京のラーメンブームをまさに牽引したお店として知られています。

千葉さんは、和食の名店からラーメン業界に転身し、和食の技術を活かした至高の一杯を紡ぎ出しました。

半熟煮卵をラーメンに初めてトッピングしたお店としても知られ、そのアイデアは和食出身の千葉さんならでは。羊羹《ようかん》のような卵の黄身は、濃厚ながらスープの色を汚さず、大人気のトッピングになりました。

今では、どこのお店でも当たり前のように、半熟煮卵がラーメンの上に載るようになっています。

千葉さんは、日本ラーメン協会の初代理事長も務めたレジェンド・オブ・レジェンド。取材させていただくときは、さすがに緊張しました。

取材の前に、お店で煮卵ラーメンをいただき、お店の向かいにある事務所で、千葉さんの取材をさせていただくことになりました。

そこで、取材をなかなかうまく進めることができそうにない私に気づいたのか、千葉さんはゆったりと話し始めてくれました。

私がしっかりと進行できた覚えはまったくありません。

それでも千葉さんは、ゆっくりと取材に答えてくださったのです。

レジェンドクラスの前で、緊張してしまうことは当たり前。

ですからここでは、緊張を解きほぐす方法について書こうとは思っていません。

そうではなく、聞き手のプロとして、自分はどう振る舞うべきなのかという話をしましょう。


事前準備をしっかりしていったとしても、相手にビビってしまうというのは、人間だからどうしてもあるものだと思います。

こういうときは、開き直ることが大事だと思っています。

具体的には「自分はいったい、何のために今ここに取材に来ているのか、なぜ時間をいただいているのか」ということを考えるのです。

仕事で来ているならば、きちんと仕事をするのがプロです。自分は仕事として今日この場にいるのだ、ということを強く意識しましょう。

今日この場、この短い時間のパフォーマンスに集中するというよりも、自分の仕事をしっかり完遂させるためにどうするべきか、ということを意識すれば、目の前の緊張から離れることができ、ベクトルが仕事に向かうでしょう。

さらに、レジェンドクラスを相手に自分が力不足のように感じてしまうときは、媒体の力を借りるというのもアリです。

私であれば「東洋経済オンラインの取材で来ている」「TBSの取材で来ている」など**「媒体の代表として来ている」ということを強く意識する**のです。

相手も、大きな企画だから取材を受けてくれているのかもしれません。

その代表として、今日こうして自分が来ているのだと思えば、弱気な気持ちも消えていくでしょう。目の前のレジェンドと一緒に大きな企画を作っているという気持ちに変わり、成功への道が開けていくと思います。

プロとして、自分の仕事でしっかり結果を出すことを意識すれば、相手がどんな大物であっても、しっかりこなせるようになっていくはずです。

それでも、やはり慣れるまでは、緊張してしまうものだと思います。

「ちばき屋」の店主・千葉憲二さんと支那そば（煮卵入り）

しかし、**レジェンドクラスの方であれば、取材の相手が緊張するのには慣れている**ものです。

そんなときには虚勢を張ることはせず、焦ることもせず、等身大のままで話を聞けばいいでしょう。大レジェンドの懐の深さが、全てを包み込んでくれます。

ちなみに私は、あのときに千葉さんがご自身の著書に書いてくれたサインを、今でも大切に持っています。

プロ意識を持つこと。自分が何のために今ここに取材に来ているのか、時間をいただいているのかということを考えよう

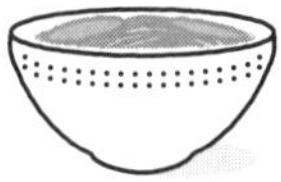

相手が時間を割いてくれていることに感謝する

相手がレジェンドクラスだったり、とても忙しい方であったりするとき、こちらは何にいちばん気をつけなければいけないでしょうか？

失礼な物言いをしてはいけない、限られた時間をオーバーしないようにしなくてはいけないなどと、いろいろと考えて焦ってしまうことでしょう。

もちろん、いただいた時間をオーバーすることはＮＧですが、時間内にしっかり取材を終わらせることが前提で何を心がけるべきかというと、じつはもっと根本的なものです。それは、たとえ短かったとしても、相手が時間を割いてくれているということ自体に感謝することです。

細かいマナーや振る舞いなどに気をつける前に、時間を割いていただいていることに感謝をする。

これを大前提に置いて臨めば、細かなことは意識しなくても大丈夫です。

そもそも、つねに相手への感謝が大前提にあれば、時間をオーバーすることもないですし、失礼な振る舞いをすることもありません。事前準備を怠ることもなく、とんちんかんな質問を投げ掛けることもないのです。

「こんなに忙しい方が自分のために時間を割いてくれた」ということに、とにかく感謝しましょう。これだけでいいのです。

もちろん、レジェンドクラスであろうとなかろうと、相手が年下であれ誰であれ「取材を受けていただいて大感謝」。これを心のど真ん中に置いておきましょう。

自分がメディアの人間だからと言って、昔のようにおごり高ぶってはいけません。

そもそも「宣伝してあげるんだから感謝しろ」という考え方は、とんでもない思い上がりです。

いまだにテレビ番組のスタッフで、こういう考え方の人がいますが、一緒に仕事をしていて、なぜ「自分の作っている番組に協力してくれている」という考え方にはなれないのかなと、いつも疑問に思っています。

以前、私が５軒のラーメン店を紹介する企画があったのですが、スタッフにリストを何軒渡しても一向にＦＩＸせず、最終的に25軒も出してようやく５軒が決まったことがありました。

リストの中には、ほかの企画で取材したことのあるお店もたくさんあり、なぜそんなに手間取ったのかが不思議でした。

そこで「なぜこんなに断られるのだろう？」と、お店に聞いてみたところ「スタッフがお昼のピークの時間に電話をしてきたので断った」とのお返事でした。

こういうスタッフは、まったく相手ファーストになっていません。自分の番組のことしか考えられていないのです。

ちなみに、このときは「ＡＤさんがお店に電話をしたから」とのことですが、それは理由にならないと思います。

お店に対して「番組に協力していただいている」という考え方が少しでもあれば、お昼のピーク時に電話するという選択肢はあり得ません。

そこに感謝の気持ちが1ミクロンもないから、こういうことが起こるのです。

仮に少しでもお店に感謝する気持ちがあれば、25軒も出さなくても5軒決まったはずです。

もちろんテレビ関係の方でも、相手にきちんと感謝が伝わる人もいます。今後はそういう人が増えてくるといいなと願っています。

取材＝感謝です。

感謝を大前提に置いて臨めば、まず大ケガすることはありません。

「こんな忙しい方が自分のために時間を割いてくれたこと」に、とにかく感謝。これだけでOK

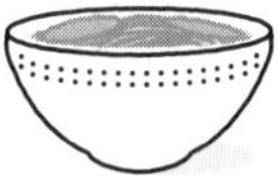

「とにかくメモを取る」伊坂幸太郎さんに学ぶ

以前、出版社で働いていたときに『新幹線お掃除の天使たち』（遠藤功著／あさ出版、２０１２年刊）という本をプロモーションしたことがあります。

これは、ＪＲ東京駅で、新幹線の停車時間７分のあいだに、車内をピカピカにお掃除してしまう清掃員の皆さんの現場力をまとめた本です。

日本が「お・も・て・な・し」文化で注目されていた時期でもあり、私は「これぞ最強の現場力」と、全国のテレビ、新聞、雑誌などからひっきりなしに取材の依頼をいただいていました。

そのころ、私は毎週のように東京駅に行って取材をアテンドしていたのですが、ある日、ほかの出版社の担当者から一本の連絡が入りました。

作家の伊坂幸太郎さんが、これを題材に小説を書きたいとおっしゃっているので、取材をアテンドしてもらえないかという内容でした。

この本が伊坂さんの目に留まったことも嬉しかったし、何より伊坂さんの取材を目の前で見ることができたのが嬉しかったことを覚えています。

伊坂さんがインタビューに答えている姿は、テレビで何度か目にしたことはありましたが、物腰の柔らかな印象で、ガンガン取材していくというイメージはまったくありませんでした。

その中で、どういう取材をしてどういう作品に仕上げるのかが、個人的にもたいへん楽しみでした。

伊坂さんの取材のスタイルは、「とにかくメモを取る」ということでした。

言葉をマシンガンのように発していくわけではありません。

ですが、ペンをマシンガンのように走らせている姿が本当に印象的で、あっという間にノートが文字で埋まっていったのです。

その真剣な姿こそが、聞き手が「もっと話したい」と思える姿だと感じました。

小さな声ではあるものの、伊坂さんは次々と疑問をぶつけていきます。疑問の全てがクリアにならないと気が済まないのか、伊坂さんは「なんで〜」「なんで〜」と、細かな疑問をていねいにひとつずつぶつけていって、ペンをスラスラと走らせていくのです。

ノートには何ページにもわたってびっしりと文字が並んでいき、取材は終了。傍で見ていて「これぞプロの取材だ」と感じました。

それからというもの、私もノートにびっしりとメモをしていく取材スタイルになりました。

言葉は少なくとも、コミュニケーションが決して明るくなくとも、真剣さ、前のめり感は確実に相手に伝わります。

「なかなか会話が得意にならない」「どうしても緊張してしまう」という人にもびっしりメモの取材術はかなりオススメです。

私は「Rollbahn（ロルバーン）」というノートを長年使っています。サイズはB6で、紙はクリーム色の上質紙で5ミリ方眼になっています。方眼どおりにキレイに書くわけではないのですが、私にはこれが合っています。ボールペンのインクのにじみや裏写りもなく、オススメのノートです。

質はよいですが、価格はそれほど高くもなく、コスパも最高です。

ペンは父の形見であるモンブランのボールペンと、以前、退職祝いにもらったオロビアンコのボールペンを愛用しています。

使い捨てではなく、愛用のものを持つと愛着が出てきて、ペンを走らせる指もスムーズに動きます。

次第に「このペンとともに自分のライター人生がある」と思えてきて、ますます愛着が湧くのです。

「安いペンで取材すると相手に失礼だ」とも聞いたことがあるので、愛用のペンを必ず使うようにしています。

細かなノートの使い方については、また別の項で紹介します。

伊坂幸太郎さんの「とにかくメモを取る」スタイル。これぞプロの仕事

わざわざ苦手な人の顔を見なくてもいい

「会話をするときは、人の目を見てしゃべりましょう」

よく会話やコミュニケーションの理想として、本やメディアで語られることの多い「鉄則」ですが、目を見てしゃべるというのは、そんなに簡単なことではないでしょう。じつは、私もかなり苦手です。

むしろ、相手の目から自分の目をそらさずに、ずっとしゃべることができる人というのは、結構レアなのではないでしょうか？

自分が逆の立場でも、ずっと目を見ながら語り掛けられ続けると、割とビビッてしまうものです。

ただでさえ難しいのですから、とくに苦手な人やレジェンドクラスの人の目をずっと見ながらしゃべるというのは至難の業だと思います。

そこで出てくるのが、やはり「本来の目的は何なのか」という話です。

相手の目から目をそらさずに話すということが目的なのではなく、しっかりと取材することが目的です。

そう考えれば、**顔を見ることに集中する必要はまったくない**と思います。

実際「マイティア」などの点眼液で知られる千寿製薬のおこなった「瞳のチカラ白書（2021年度版）」によると、人と話をする際に「人の目を見て話すことが苦手」と答えた人は全体の49・4％にも上っています。

さらに、話をする際に「相手から目を見られることが苦手」な人は、全体の47・6％もいるそうです。

「相手の目を見て話すこと」はコミュニケーションの基本と言われながら、実際には目を見てしゃべってほしい人ばかりではないということです。

そして、目を見てしゃべれる人ばかりではないということも、多くの人はわかっています。

ですから、無理して相手の目を見つめるのではなく、目の前の「今ここの取材」に集中しましょう。

日本は歴史の名残か、おもてなし文化の延長か、少しマナーにうるさすぎるきらいがあります。

最低限のマナーを守っていれば、あとは相手に合わせてどう振る舞うかだけです。マナーに振り回されすぎず、本来の目的に立ち返ってみましょう。

目を見てしゃべってほしい人ばかりではなく、目を見てしゃべれる人ばかりではない。それはみんなわかっている

ジェスチャーや笑顔よりも、人は質問（関心）が嬉しい

たまに取材で、大げさなジェスチャーや笑顔を作るインタビュアーがいます。

もしかしたら「取材のときは緊張するものなので、笑顔はいつもの2割増しで」みたいなマニュアル本を読んできているのかもしれません。

しかし、そういう方の取材だと、逆にこちらが気後れしてしゃべりにくくなります。

作り笑顔の前に壁ができて、非常にむず痒い空気になってしまうものです。

はっきり言って、無理なジェスチャーや笑顔は、薄っぺらで気持ちの悪いものです。

そういう偽りの表情や身振り手振りは、相手にもわかってしまいます。

私が取材を受ける際に気になった仕草としては「やたら頷く」「こちらが大した話をしていないのに無意味に驚く」「わかっている感を出しながら話を聞く」などいろいろあります。

どれも共通しているのは、大げさで薄っぺらであることです。

やはり肝は、そこではありません。

相手が何に喜ぶのかというと、自分に対する「関心」が嬉しいのです。

つまり大事なのは、聞き手が自分に関心を持って質問を投げ掛けてくれているか、そしてそれが伝わるかということでしょう。

苦手そうな人やレジェンドクラスが相手であっても、関心があることがしっかりと伝わると、壁はおのずとなくなっていくものです。

「この人は緊張しているようだけど、しっかりこの取材に向けて準備してきているな」

「口数の少ない人だが、なかなか鋭い質問をしてくるな」

相手にこう思ってもらえればよいのです。

その場を取り繕おうとせず、素直に関心をまっすぐ相手に向けましょう。

一流と呼ばれる記者やインタビュアーは、みんな笑顔が素敵でジェスチャーの豊富な方ばかりでしょうか?

むしろ強面《こわもて》な方や、リアクションの少ない方も多いのではないでしょうか?

こういう方々は、圧倒的な知識や独自の切り口で自分の道を切り開いています。**プロは、うわべではなく、自分のフィールドの中でとことん勝負するのです。**

人は「ピンチだな」と感じたとき、どうしても考えすぎてしまうものです。それがどんどん裏目に出てしまう傾向にあります。

そういうときこそ、シンプルに素直に取材を進めていくことをオススメしたいです。

相手に無理に好かれようと思う必要もありません。

「嫌われなければ大丈夫」ぐらいに考えて、無駄に萎縮せず、虚勢を張らずに素直になりましょう。

人は、そう簡単に嫌われることはありません。

作り笑顔やジェスチャーでその場を取り繕おうとせず、素直に関心をまっすぐ相手に向ける

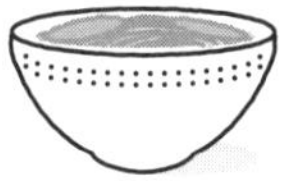

「向こう岸」に立てば一気に距離が縮まる

取材のときに、相手との距離を一気に詰める方法として、私がよくしているのは「向こう岸に立つ」ということです。

もちろん、最低限の礼儀やマナーはあってのことなのですが、**話し手と聞き手のあいだにはっきりとした壁を設けたり、境界線を引いたりして取材を進めていくよりも、聞き手が話し手側の横に立つイメージで進めたほうがうまくいく**ことが多いです。

具体的には、話し手と一緒にマラソンの伴走をしていく感覚で話を聞くと、すごくスムーズに進んでいく印象です。

たとえば、有名大学に通っていて、就職活動もうまくいき、いざこれから社会人というときにラーメンに目覚め、内定を蹴ってラーメン店を開業した店主がいたとします。

このとき、
「なぜラーメン屋を選ばれたんですか？」
と聞くのではなく、あえて、
「なんでラーメン屋を選んじゃったんですか？」
と聞いてみるのです。

すると、場に少し笑いが生まれて、当時、親御さんに激怒されたことや、これまでほとんど話してこなかった「就職しないで少し後悔したんです」みたいなエピソードが引き出せます。

相手の状況にもよりますが、それまで相手への愛や敬意を持って取材していれば、このくらいのことで気分を害されることは、そうありません。

当たり障りなく接するより、大切なのは「向こう岸に立つ」ということ。

「自分がその立場になったときに、ラーメン屋を開くことを選ぶかどうか」と、向こう岸に立って考えることで、いろいろと想像が膨らんできます。

親御さんが悲しんでいるのではないか、むしろ激怒したのではないか、どうやって親御さんを説得したのだろう。ラーメン店を開くときに将来的な話はしていたのか……など、いろんな疑問が湧いてくるのです。

このように、ポイントは自分なりの想像を働かせることです。

相手の話だと思って聞いているとスルスルと進んでしまいますが、自分に置き換えて考えてみると、細かな疑問がたくさん湧いてきます。

その中に、宝となるようなエピソードが隠れているものなのです。

無難に聞いているだけでは流れてしまう話も、向こう岸に立つことで想像が膨らみ、思いがけないエピソードに出合える

聞き漏らすな。素朴な疑問ほどおもしろい

「東池袋大勝軒」の店主・山岸一雄さんに取材させていただいたときの話です。

この「東池袋大勝軒」は〝つけ麺の元祖〟としても知られ、今のラーメン界は山岸さんなくして存在しなかったと言っても過言ではない、それぐらいのレジェンド・オブ・レジェンド。山岸さんは「ラーメンの神様」とも呼ばれ、私も尊敬するラーメン店主の一人です。

出版社に勤めていた時代に「山岸さんの本を作ろう」ということで企画が決まり、実際に山岸さんに取材をさせていただくことになりました。

結局、その本『東池袋大勝軒 心の味』（あさ出版、２０１２年刊）は山岸さんの遺作になってしまったのですが、体調の悪い中で取材の時間を作っていただきました。

当時、東池袋にあった旧大勝軒は閉店し、近くの場所で2代目店主・飯野敏彦さんの手でお店が復活していました。

山岸さんは、もともとお店があった場所に建てられたマンションに住んでいて、ベランダから毎日お店の行列を眺めていました。

レジェンド山岸さんの本ということで、山岸さんの修業時代から「東池袋大勝軒」の開業、特製もりそば（つけ麺）の考案の話などが、どうしても取材のメインにはなります。

その中で、私がずっと素朴な疑問として持っていたある質問を、山岸さんに投げ掛けてみました。

「なぜ大勝軒は、麺の量がこんなにも多いのですか？」

これに対する山岸さんの答えが、なんとも味わい深いものでした。

「俺が足りないからだよ」

そう、通常のラーメン店の麺量では、大食漢の山岸さんには足りないということだったのです。

安くてお腹いっぱいになる「大勝軒」のラーメンの入り口は、ここにあるのだということがわかった瞬間で、とても嬉しい気持ちになったことを覚えています。

こういう素朴な疑問は意外と忘れがちです。テンプレートやフォーマットに則って取材を進めていくと、こういうおもしろい質問が抜け落ちてしまうものなのです。

取材依頼書や質問状などをまとめるときに、どうしても過去のフォーマットやテンプレートから作ることが多いと思いますが、それだけではいけません。

素朴な疑問を聞き逃さないように、事前にメモしておくことをオススメします。

「東池袋大勝軒」の店主・山岸一雄さん（右は私）と特製もりそば

しっかりした取材記事をまとめるには、歴史の話や基本情報を書くことは必須条件ですが、それだけではなく、**一般的に気になる話や「へぇ」と思うような話を入れると、さらに内容がおもしろくなる**のです。

こういった話は相手も聞かれないと答えないもので、聞く側の質問力が問われます。ぜひ、取材の前に浮かんできた素朴な質問はぶつけてみましょう。

素朴な疑問は意外と忘れられがち。事前にメモして聞き漏らしを防ごう

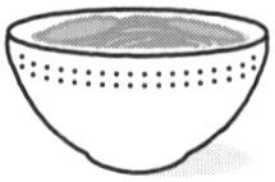

電話で話す際は「ワード」を強調する

電話が苦手だという人は、昔に比べてどんどん増えているようです。

パソコンやスマホの普及により、メールはもちろん、LINEやメッセンジャーなどのSNS、チャットツールといったものが便利になり、日常で電話をする機会は減っています。

その一方で、電話中心のコミュニケーションを取る人は今もいて、メールやLINEなどよりも、電話でコミュニケーションをしたほうがよいというケースは、ままあるでしょう。

株式会社ソフツーが、2023年10月におこなった「電話業務に関する実態調査」によると、全体の約6割、20～30代の7割以上が、電話に苦手意識を感じていると回答しています。

電話は、メールのように文字は残らず、声だけでコミュニケーションをする上に、顔が見えないので、コミュニケーションの中ではかなり難易度が高いと感じます。

実際、私も得意なほうではありません。

とくに、取材が対面でもオンラインでもなく、電話取材となったときは、通常とは違う聞き方を心がけています。

電話取材でのポイントは「ワード」を強調することです。

なぜなら、**電話だと声だけのコミュニケーションになるので、重要な「ワード」を強調しないと意外と話が流れていってしまう**からです。

平坦なしゃべり方だと、どんどん情報が流れていき、相手の耳からもどんどん抜けていくので、電話を切ったとき何も残らない状態になりかねません。

ですから、そういったことを防ぐためにも、しっかりと重要なワードを相手の耳に残すイメージで、強調してしゃべることが大事です。

たとえば、次のように強調するのです。

「お店をオープンすることになった『きっかけ』について聞かせてください」

「ラーメンを作るにあたって『いちばん大切にしていること』を教えてください」

この場合であれば、二重カギカッコ（『』）のワードを強調して話します。

イメージとしては、クイズ番組の司会者がクイズの問題を出すときのしゃべり方に似ているかもしれません。このしゃべり方をすれば、相手に二重カギカッコのワードがしっかりと残り、スムーズにキャッチボールが進むでしょう。

もちろん自分も、相手のしゃべっていることを聞き漏らさないようにしなくてはなりません。

電話で大事なことを聞き漏らさないためには「オウム返し」をすることが大事です。

大事そうなワードが出てきたらオウム返しをする癖をつけると、その都度そのワードで話がストップし、聞き漏らさずにメモを取ることができます。そのとき、聞き間違えている場合は訂正をしてもらえるので、ミスの防止にもつながります。

ＳＮＳやチャットのメッセージ機能が普及し、コロナ禍の在宅勤務、その後のハイブリッド出社を経て、電話で話す機会が減少したことにより、世の中には「電話恐怖症」が蔓延している状態です。

その現代において、電話の苦手意識を克服しろということ自体に、無理があるのかもしれません。対面での笑顔２割増しは気持ち悪いですが、電話では重要なワードを２割増しで強調していきましょう。

電話で話すときは重要な「ワード」を強調すること。聞くときは相手の大事そうなワードは「オウム返し」すること

取材前1～2分の「アイドリングトーク」が効く

電話の話が出たので、ぜひこのタイミングでご紹介したいエピソードがあります。

私はＡＢＣラジオ「朝も早よから芦沢誠です」というラジオに、月1回レギュラー出演しています。本の要約サービス「flier（フライヤー）」に要約を掲載している本の中から、オススメの本を毎月1冊ご紹介するコーナーです。

スタジオが大阪にあり、私は東京にいるので、毎月電話で収録をおこないます。スタッフの方が収録時間の少し前に電話を掛けてくれて、その後ＭＣの芦沢誠アナウンサーに代わり、収録がスタートします。

このときの、芦沢アナの収録前のアイドリングトークが、毎月素晴らしいのです。

いきなり収録に入ると、人によってはガチガチに緊張してしまい、ゆったりとしゃべれないことも多いと思います。

芦沢アナはそれを思ってか、収録前の１〜２分でたわいもないアイドリングトークをしてくださいます。

「井手さん、おはようございます！」という元気なご挨拶から始まり、

「先日、梅田で本屋さんに寄りましたら、〇〇という本を見つけまして、井手さん、この本、ご存じですか？」

「この前、近くのスーパーに行ったら、井手さんが前に紹介されていたカップ麺を見つけましたよ」

というような、こちらが自然と話に入れるアイドリングトークをしてくださるのです。

これを、全ての相手にやっているわけですから「やはりプロのアナウンサーはすごいな」と実感します。

生放送を毎日やっている芦沢アナだからこそ身についた能力かもしれませんが、ふだんの生活の中でアンテナを張っているからこそ、こういったアイドリングトークの引き出しができるのでしょう。

電話に限らずですが、取材などにおいても、最初のアイドリングトークで場を作ることは大事です。1分でも2分でもいいので、アイドリングトークで場を和ませてから取材に入りましょう。

雑談なのですから、内容は凝り固めなくて大丈夫。ふだんの生活の中で見つけたちょっとしたことでOKです。たった1～2分のこうした時間が、その後の取材を円滑なモノにしてくれます。

相手の緊張を解くために、1～2分の雑談を用意しよう。そのためにもふだんからアンテナを張っておく

第4章

これからは聞く技術より「聞き倒す技術」を磨け

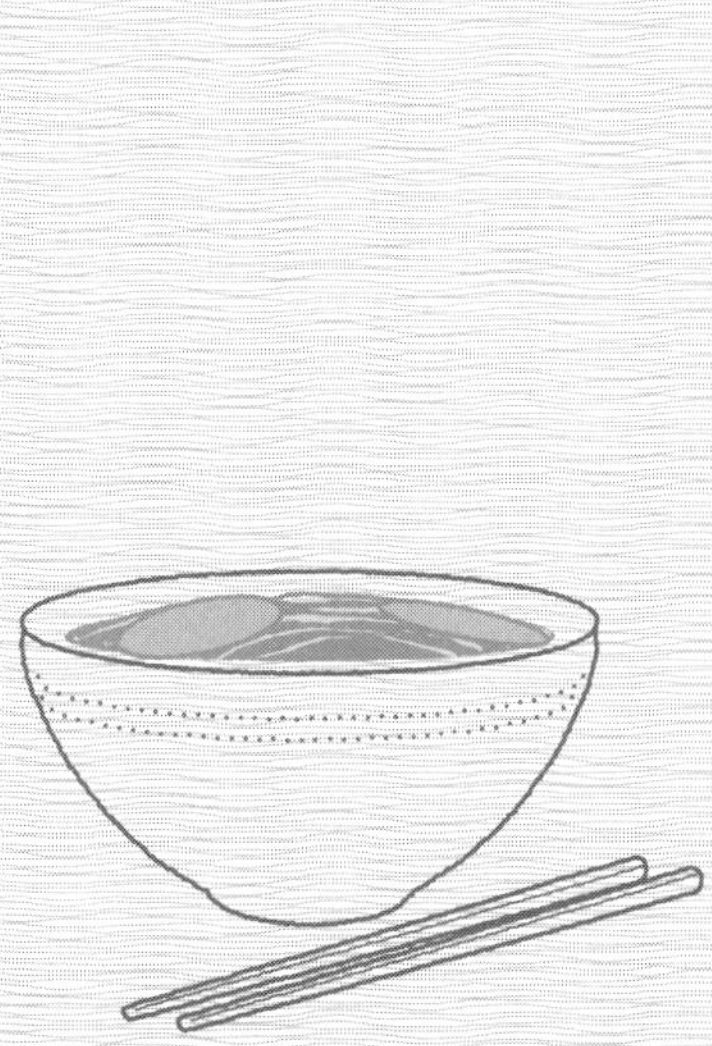

この本を読んでいる時点で、じつは「聞く技術」がある？

ここまで読んでいただいたことで、なんとなくわかってきたかと思いますが「ただ話を聞く」だけの能力では、仕事で使える武器とはなり得ません。

もちろん、一般的な生活の中では相変わらず必要なものです。

しかし、ただ相手の話に耳を傾けているだけで済むのであれば、インターネットですぐに検索できてしまいます。

また今では、ChatGPTに聞いたら一瞬で答えてくれます。

そのレベルの取材には、時間を掛けている暇がなくなってきているのが、この現代の実情です。

仕事の上で「ただ話を聞くだけ」という活動は、もはや不要とさえ言えるのです。

これからの聞き手は、聞く技術よりも「聞き倒す」技術が必要です。

つまり、今まで聞かれてきていないことを聞く力、これこそが聞き手に求められる力だと考えています。

そして、じつは本書を手に取ってくださっている方は、もう自分はそこに片足を突っ込んでいると思っていただいていいでしょう。

なぜなら、**今までの聞き方では通用しないと考えたから、この本を手に取ったわけですから。**

取材のオファーが集まる方の多くは、忙しい方です。毎日取材を受けているような方は、とにかく多忙で時間が取れない方ばかりです。

「何百時間、何千時間密着！」などという触れ込みで、長い時間を掛けて作られたインタビューにも大きな価値はありますが、今の時代、そんなに長い時間を掛けてできる取材も少なくなってきています。

限られた時間の中でどう聞き倒せるか。

これからの時代、これが聞き手の大きな課題になってきます。

聞く力は、あって当たり前のものだと心得ましょう。目指すべきは、もはやその次元ではないのです。

これからの聞き手には、今まで聞かれてきていないことを「聞き倒す力」が必要

聞き倒すためには アウトラインが必要だ

誤解されがちなのですが、聞き倒すことにおいて大事なのは、徹底的に質問をぶつけるということではありません。

たしかに、ほかにない独自の質問を考えることは大事なのですが、闇雲にたくさんの質問をぶつけることが正解ではありません。

インタビューを最終的な記事の形に落とし込んだときに、どれだけ深みのある内容になっているか、ほかにないものを生み出しているかが大事なのです。

このとき大事になってくるのは、質問の数でもインタビューの時間の長さでもなく、事前に作る構成、アウトラインです。

具体的には、事前に想像の中で相手をインタビューし、なんとなくのアウトラインを作っておくのです。

そのアウトラインどおりに、取材の内容がぴたっとはまってくれれば、それで完成ですが、実際にはその想定からのズレがまた魅力になります。これは先ほど述べたとおりです。

相手が苦手な方やレジェンドクラスだと焦ってしまうので、よりこの事前のアウトラインを横目に見ながら取材することをオススメします。

このアウトラインを持っておくと慌てることがなくなるので、いつもよりも落ち着いて取材を進めることができるでしょう。

ちなみに、私がラーメン店主をインタビューする際に、心がけている基本的なアウトラインは下記のとおりです。

①幼少期の話

②ラーメンにハマったきっかけ

③いつからラーメン屋を志したか
④オープンまでの道のり
⑤オープン日にあった出来事
⑥ブレイクしたきっかけ
⑦今後について

この7点を聞き漏らさないようにして取材を進めています。

さらに、この7点の中で優先順位をつけて、優先度の高い質問だけは確実に押さえるようにしています。

そうすることで、取材が取っ散らかることもなく、落ち着いて内容を深めていくことができます。

もちろん、このアウトラインの範囲内だけではなく、想定からのズレこそが記事のおもしろみにつながるので、そこも深掘りして聞けるとベストです。

アウトラインがあると、そこに固執してしまう可能性もあります。

アウトラインは取材の道筋みたいな役割を持っていますから、そこからズレると、不安になってしまうのかもしれません。

しかし、このアウトラインは、あくまで聞き倒すための手段でしかありません。取材の目的を念頭に置いて、アウトラインからズレたときこそどんどん掘り下げていきましょう。

事前のアウトラインを準備しておくことが大事。さらに想定からのズレが記事のおもしろみにつながる

メモを取っていれば自然と「聞き倒す姿勢」になれる

「聞き倒す姿勢」と言われて、どんな取材スタイルを思い浮かべるでしょうか?

質問を連発することでしょうか、前のめりに目をキラキラさせながら聞くことでしょうか。あるいは、時間をいっぱい取ってもらうことでしょうか。

どれも悪いとは思わないですが、私がオススメするのは、メモを必死で取りまくるという姿勢です。

とにかく、相手の言ったことをスラスラとメモに取り、時にペンを走らせてガンガン書いていきます。

「大事だな」と思ったところには印をつけたり丸で囲んだり、先生が板書をしているイメージで、あとで読み返してもわかるノートを作っていきます。話題が変わる箇所は線で区切って、わかりやすくしておくことも忘れません。

ただメモを取るだけでなく、取材での臨場感がそのまま伝わるようなノートを目指していくのです。

あとになって読み返したときでも、そのときの相手の声や熱い内容がよみがえってくるようなノートを目指しましょう。

第3章でご紹介したとおり、私は小説家の伊坂幸太郎さんの取材を見たときから、マシンガンのようにメモを取るようになったのですが、この「先生の板書風のノート作り」は私のオリジナルです。

印や丸のついた箇所が取材での興奮ポイントで、それがそのまま、あとで記事の肝になります。

極論、完璧なノートを作れば、あとで録音を聞かなくても、臨場感のある記事が仕上がります。

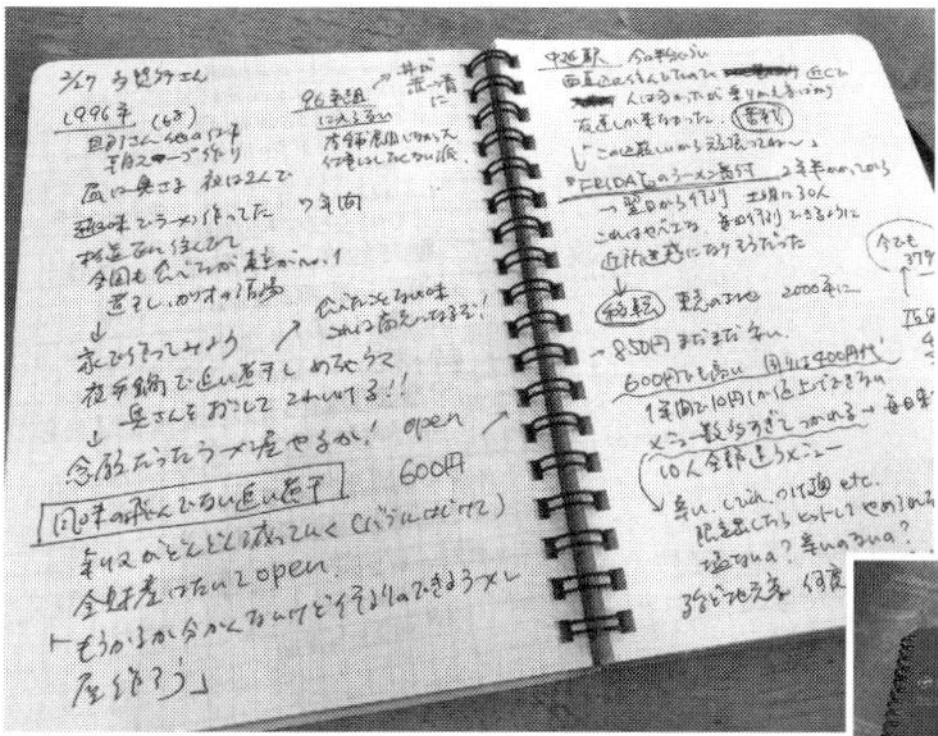

取材中に取ったメモの一部と、これまで使ってきた「Rollbahn（ロルバーン）」のノート

目の前で熱くペンを走らせている姿は、相手に悪い印象を与えることはありません。

それどころか「熱心な聞き手だ」と感心されることのほうが多いと思います。少なくとも作り笑いや大げさなジェスチャーよりも好印象でしょう。

相手の目を無理に見て話す必要もなく、とにかくペンを走らせて熱いノートを仕上げていきましょう。

とにかくペンを走らせて熱いノートを仕上げていく。その姿は相手に決して悪い印象を与えない

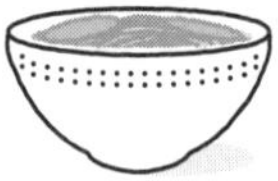

取材の肝を握れ。その場でポイントを聞き逃すな

取材をしていて「ここは今回のインタビューのポイントになるな」と気づくことがあるでしょう。

具体的には、事前の構成（アウトライン）からのいい意味でのズレが起こったときが、そのチャンスです。

アウトラインどおりに広く均等に話を聞くのではなく、肝と思った部分は徹底的に掘り下げることが大事です。 メモを取りながら「ここは大事だな」と思うところにガチガチに印をつけ、そこを掘り下げていきます。

東京・亀有に「ののくら」というお店がありました。

手打ちと機械打ちの技術を融合させた「手打ち式」という麺の打ち方を考案し、感動的な麺の旨さとダシの分厚い醤油スープが絶品で、私がオススメを聞かれたときによく名前を挙げさせていただいていたお店です。

店主の白岩蔵人さんは、若いころは時計メーカーで営業の仕事をしていましたが、手仕事に憧れ、ラーメンの世界に入ることになりました。

「九段 斑鳩《いかるが》」という有名店で修業した後、２０１７年に独立して「ののくら」をオープンしました。


「ののくら」のラーメンは、初めて食べたときから唸るほどの美味しさで、行くたびに感動の連続だったのですが、**何よりいちばん印象的だったのは、ラーメンを作っている白岩さんの自然な笑顔**でした。

そして、この笑顔は、白岩さんの師匠である「斑鳩」の店主・坂井さんの笑顔そのものだったのです。

「ののくら」を初めて取材させてもらう際、お店を創業するまでの苦労話や、手打ち式の麺を作り上げるまでの道のりなどを聞くことはもちろんですが、その笑顔の秘密にどうしても迫りたいと思っていました。私は、これこそが「ののくら」が名店たる所以《ゆえん》であろうと思い、徹底的に掘り下げたのです。

ここで白岩さんから出てきた言葉が、

「坂井さんになろうと思っていた」

という言葉でした。

修業時代、なかなかうまくいかなかった白岩さんは、徹底的に師匠の坂井さんを真似たのです。所作だけではなく、考え方まで坂井さんになり切ろうとしたのだそうです。「斑鳩」で坂井さんのラーメンをいただいたとき、そのラーメンのクオリティとともに印象に残っていたのは、ラーメンを作る坂井さんの笑顔でした。

おそらく白岩さんは「ののくら」を開業してからも、修業時代の坂井イズムが自然と笑顔となって出てきていたのです。

「ののくら」の店主・白岩蔵人さんと
特製中華そば（醤油）

それを知ったとき、私は本当に感動しました。**上っ面の情報だけを取材するのではなく、自分がふと気づいたことを、しっかり取材で聞いていくことこそが、聞き手の目指す姿だと強く感じた出来事でした。**

白岩さんは、２０２３年に若くして亡くなりました。

しかし「ののくら」のラーメンと白岩さんの笑顔を、私は忘れることはありません。

アウトラインどおりに広く均等に話を聞くのではなく、肝と思った部分を徹底的に掘り下げる

「予想外の展開」になった取材こそおもしろい！

アウトラインに沿って取材を進めるとはいっても、取材はリアルといいますか相手も人間なので、こちらの思いどおりの展開になるとは限りません。なかには、思い描いていた展開とは、まったく違ったことを語り始める人もいるでしょう。

しかし「だからこそ取材はおもしろい」とも言えます。プレスリリースだけでは語れない魅力を引き出せてこそ、その取材の価値が出てきます。

その具体的な事例を、私の経験からご紹介します。

「せたが屋」の店主・前島司さんに取材させていただいたときの話です。

前島さんは「ミスターラーメン」と言われ、環七ラーメン戦争の真っ只中に環七沿いの世田谷区野沢で「せたが屋」を開業。その後、海外進出も果たし、ラーメン界のトップをひた走るレジェンドです。

そんな前島さんを取材するにあたって、当初は「せたが屋」の成功や世界進出の話を中心にお話を伺おうと考えていたのですが、実際の取材はまったく想定していない流れになりました。

なんと、前島さんは自身の失敗談を延々と語り始めたのです。

前島さんは、流行の先をいくブランドを数々作ってきました。

野菜のポタージュを使って作った「せたが屋 雲」や、調味料をまったく使わない「ラーメン ゼロ」など、かなり革新的なお店を作っては、売り上げが安定する前に閉店するという歴史を繰り返してきたのです。

その後、野菜のポタージュを使ったラーメンは「ベジポタ系」として大ブレイク。調味料をまったく使わないお店は『ミシュランガイド東京』の一つ星を獲るまでの評価を得るまでになりました。

もし前島さんがそのままお店を続けていたら、いったいどうなっていたのだろうと想像します。

前島さんは、そんな自分の潰してきた数々のお店の失敗談を語りながら、「だからこそ今がある」と語ってくれました。

たしかに、レジェンドの成功話は雲の上のような話で、なかなか一般の人には刺さりにくいし、再現性が少ないと思われることでしょう。

そんな中で、前島さんのように失敗話を笑いながらしてくれるというのは、一般的にもすごくためになるのではないでしょうか。

なかなか過去の失敗は語りたがらない人が多いですが、失敗にこそ教訓があるのだと強く感じる体験でした。

最初から「○○さんの失敗談をお聞かせください」と問い掛けて、嬉々として話し始める方もそういないでしょう。これぞ、まさに「想定外の展開になったからこそそのオイシイ取材」の典型例です。

「せたが屋」の店主・前島司さんとらーめん

取材のアウトラインからズレたら焦ってしまうかもしれませんが、このようにオイシイ展開になることも少なくありません。

まずは焦らずに、相手の話を聞いてみましょう。それまで誰も聞けなかった話が、思いがけず聞けるかもしれません。

アウトラインから大きくズレたときこそ取材の醍醐味。焦らず、まずは相手の話を聞こう

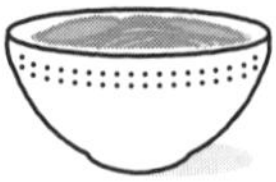

自分の仮説にこだわったり、決めつけたりしない

取材をしていて、これをしてはよくないなと思うことのひとつに「決めつける」ことがあります。

自分で立てた仮説どおりに取材を進めようとしてはいけません。それはあくまで仮説であって、真実は目の前にあるのです。

仮説を押しつけることは、結論を決めつけてしまうことにもつながります。

そうではなく、あくまで仮説とズレることを楽しみながら取材していきましょう。仮説とズレてこそ、本当の魅力が出てきます。

具体的には、誘導尋問的な聞き方はするべきではないでしょう。

たとえば、このような質問です。


「創業当時はお客さんが来なくて苦労したんじゃないですか？」

「なかなか味が決まらなくて苦労したんじゃないですか？」

「昔からよく来てくれている常連さんこそいちばん大事ですよね？」


こういう聞き方はいけません。

取材慣れしていない人が相手だと、「じつはそうなのかな」と思ってしまい、真実を曲げてしまうこともあります。

そうではなく、相手に話してもらうのです。あくまで、こちらは軽いトスを上げるだけで、結論を誘導してはいけません。

これは結構、大事な話で、記事などを書く場合、記事に嘘を書くことにもなりかねませんので、本当に注意しましょう。

聞き手は、出しゃばってはいけないのです。

仮説は、あくまで適切な質問を投げ掛けるための目安としてだけ使いましょう。**むしろ仮説からはズレるのが普通です。ズレないことは稀だと思っているくらいでちょうどいいのです。**

一流の方の人生や考え方ですから、事前に全て予想できるような内容であるはずがありません。

仮説はズレて当たり前。誘導尋問的な聞き方は絶対NG

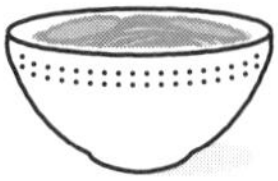

「100円の壁」論争から見えてくるもの

前項で「こだわったり、決めつけたりしない」というお話をしましたが、これは取材相手に関することだけに限らず、業界内で広く問われている問題に対しても同じことが言えます。

もちろん、自説を持つのはいいことですが、しかし「絶対にこうあるべきだ」と決めつけないことです。決めつけてしまうと、大事なものが見えてきません。

そのような問題に対しては自説にこだわるより、むしろ多角的な意見を取り入れたほうがいいでしょう。

たとえば、私はここ数年、ラーメンの「1000円の壁」問題について、いろいろと取材を続けています。これは、お店側もお客側も「ラーメン1杯1000円は高い」と感じるという心理的な問題です。

この1〜2年、原材料や水道光熱費の高騰により、高級食材を使っていなくても、1杯1000円以内でラーメンを提供することが苦しくなってきています。

前から言われていたことではあったのですが、それがさらに増して大きな問題になってきているのです。その中で、さまざまなラーメン店を取材していると、お店によって立場も異なり、いろいろな意見が出てきます。

「この際『1000円の壁』を突破して、どんどん値上げすべきだ」
「ラーメンは庶民の食べ物。絶対1000円を超えてはならない」
「低価格のラーメンから高級なラーメンまで二極化、三極化すべきだ」

こういう問題を取材するときは、一方的な意見だけではなく、いろいろなお店から意見を集めたほうがいいです。

なかには「自分の意見に近い」と感じたり、逆に「それには賛同できない」と思ったりする意見もあるでしょう。しかし、自説に拘泥《こうでい》していては話が進みません。都内の人気店から地方のお店、老舗、チェーン店、町中華など、ラーメンを提供するお店をいろいろと取材し、さまざまな意見を集めた上で、多角的に問題をとらえることが大事でしょう。

我々のような取材だけでなく、モノを売る営業にしても、自分のフィールドを多角的にとらえておくことはものすごく大事です。

このように、同じ質問をたくさんの人にすることで、多角的に物事をとらえられるようになり、視野がおのずと広がっていきます。

「自説にこだわりすぎない」ということを、改めて肝に銘じておきましょう。

自説に拘泥するのはよくない。同じ質問を、たくさんの人にすることで視野が広がる

自分のパフォーマンスよりも「撮れ高」を優先せよ

どんなときに「今日はいい取材ができたな」と思うでしょうか？

おそらく、相手といい雰囲気で取材ができたときに、いちばんそう思うのではないでしょうか。

しかし、いい取材とは、いい雰囲気の中で話を聞けたかどうかがいちばんではありません。もちろん、**雰囲気作りは大事ですが、うまく空気を作れたかどうかよりも大事なのは「撮れ高」**です。

取材も人と人とのコミュニケーションなので、取材のときにいい空気作りをすることに注力してしまいがちです。

もちろん、それは大事です。

ですが、いちばん大事なのは取材の「撮れ高」なのです。

いい空気の取材だったが、いざフタを開けてみたら聞き漏らしていることが多かったということはよくあるのではないでしょうか。

これだと聞き手失格です。

取材は、カフェで楽しくおしゃべりしているのとは違います。

相手から話を聞いて、それをまとめることが仕事なのですから、何よりも「撮れ高」にこだわりましょう。

コミュニケーションスキルだけに注力してしまうと、こういうことが起きてきます。

わざわざ時間をもらうからには「撮れ高」＝結果にこだわるようにしましょう。

では、取材をしながら、どうやって「撮れ高」を確認すればいいのでしょうか？

経験者であれば感覚で判断してもいいのですが、それだけだと若干不安が残ると思います。

私は、書いたノートの量で、ある程度判断しています。

「だいたい聞き終わったな」と思ったら、バーッと今日書いたノートを見返していくのです。その分量と、ガチガチに印をつけた大事な部分をサッと見返して、たっぷりネタがあるかを確認します。

私の場合は、2000〜3000字ぐらいの記事で、ノートが5〜6ページびっしり書けていればだいたいOKです。

ここでポイントなのは、インタビューの経過時間ではなく、ノートの分量で判断するというところです。

長く話を聞いていても、分量が少なければ聞き倒せてはいません。それでは「撮れ高」が足りないのです。

取材は、残り時間とノートの分量の両方を意識しながら進めることが大事です。

これは、マラソンのペース配分と同じかもしれません。

マラソンも、何分で何キロ走れているか、その両方を意識することが大事です。

たとえば、取材時間を1時間いただいていて、30分で2ページ分しか聞けていなかったら、私は少しペースアップして聞くようにします。時間内にしっかり5〜6ページ分聞き切るイメージです。

感覚に頼ると失敗することも多いでしょうから、残り時間とノートの分量で「撮れ高」を計っていくのはオススメです。

「撮れ高」＝結果にこだわる。「撮れ高」は取材の残り時間とノートの分量で計るのがオススメ

羽鳥慎一さんに学んだ「人に話してもらう」気配り

テレビ朝日「羽鳥慎一モーニングショー」に出演させていただいたときの話です。

この番組はニュース番組ですし、取り上げるニュースを前日に決めているので、出演オファーは放送の前日に来ました。

当日に話す内容やフリップの文言については、ディレクターさんとやり取りしつつ、放送ギリギリまで変更を重ねながら、逐一出演者の私にも共有されました。

とはいえ、朝の生放送ということもあり、完全にそのままの内容になるかわからないまま始まりました。コメンテーターには玉川徹さん、石山アンジュさん、結城東輝さんがいらっしゃいました。

羽鳥さんは、パネルを1枚ずつめくっていきながら、逐一いろんな人に話を振っていきます。話の振られるタイミングは、台本どおりの完璧なタイミングです。**パネルをめくりながら、羽鳥さんが要点を絞って話を進めつつ、コメンテーターの私にオイシイところをしゃべらせてくれます。**これはすごいファシリテーション能力だと思いました。

ほかの出演者を食ってしまう司会者ではなく、あくまでファシリテーター的な役割を果たし、ほかの出演者にオイシイところを持たせるのはさすがだなと、話を振られながら羽鳥さんの技に驚嘆していました。

まさに「トスがうまい」という感じで、最高のトスを上げてもらった我々が、思いっきり振り抜いてボールを打つ。そんな感じでした。

パネルめくりと要点を羽鳥さんが仕切っているのもポイントで、これが取材でいうアウトラインのようなものです。羽鳥さんがアウトラインをもとに進行させつつ、コメンテーターのコメントで内容に深みが出せるわけです。

これは、アナウンサー出身の羽鳥さんだからこその能力かなと思いつつ、学ぶものはかなりありました。

そのトスの出し方が本当に絶妙で、パネルをめくって進行しながら、

「○○については〜ということです。そうなんですね、井手さん」

と問い掛けてくれます。

これが質問の形ではなく、あくまで「トス」なのがポイントです。

出演者が質問に対して答えることができずに恥をかくことが絶対にない形の「トス」になっているのです。

番組は生放送なので、カットすることはできません。出演者に恥をかかせずに、オイシイところを持たせるという超人的なスキルでした。

出演時間はだいぶ長く、40分ほど出ていたのですが、あっという間に終了し、あとでオンエアを見てみても、やはりかなり私がオイシイところをしゃべっている形の放送に

なっていました。

羽鳥さん、ありがとうございました！

アウトラインをもとに話を進めながら、オイシイところをしゃべってもらう羽鳥慎一さん流技術を使わせていただこう

コスパを考える人ほど事前準備を欠かさない

取材にはじっくり時間を掛けたほうがいい、というのは昔から言われていたことですが、今はそれが一概にいいとはいえません。

取材相手に長い時間を割いてもらわなければいけないわけですから、それに対する負担がもちろん出てきます。

私はむしろ、**短い時間で濃い取材をすることが理想**と考えています。

今まではテレビ取材などにおいては、まず打ち合わせから始まり、次にロケハンをしてから、いざ撮影となっていました。

しかし、ネットが隆盛してきた今となっては、だいぶ取材の状況も変わってきています。

実際、私のラーメンの連載の取材は、ほとんど私一人で回っています。

現在、ありがたいことに連載を7本書かせていただいていますが、これだけの連載を抱えていると、やはり効率のよい取材の進め方が重要になってきます。

年間100本以上の記事を書いているので、毎週ふたつぐらいの締め切りが待っているわけです。

そんな状況下では、やはり短い時間でしっかり取材をし、執筆に時間を掛けなければいけません。

こうした事情から、効率的な時間の使い方で取材させていただくという流れになったのですが、これは結果として、**取材相手にとってもよいこと**なのだなと感じるようになりました。

実際、昼夜営業しているラーメン店の店主であれば、仕込みの時間なども考えると取材に掛けられる時間はほとんどありません。

まして、営業をお休みにして取材をさせていただくのは、あまりにも申し訳ないわけです。少ない休み時間を利用して取材を受けていただくわけですから、なるべく短い時間で済ませたほうがいいのです。

短い時間で取材を済ませるということは、取材中は必要なことを聞くことに徹するべきだということです。

逆に言えば、それ以外のことを取材中に入れ込まない努力をすべきだということでもあります。

そのために必要なのは、やはり何度も言うように事前準備です。

入念な事前準備をしておけば、不必要なことを取材中に聞く必要がありません。

1から100までを聞き切ることが取材の目的ではありませんし、そんなことをしていたらコストパフォーマンスの悪い取材になるでしょう。

取材では、事前準備では足りなかった部分、要は自分の取材の肝となる部分を徹底的に聞き抜くことに注力するべきです。

それを短時間で聞き切る、これが聞き手の力となります。

加えて、取材相手に割いてもらう時間も最小限で済むので、コストパフォーマンスのいい取材になるでしょう。

短い時間で濃い取材をすることが理想

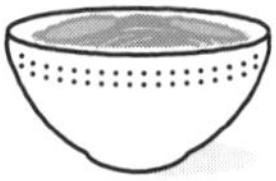

一撃で決めよう。「あとからメールで」は二流以下の証

私も取材を受けることがありますが、取材が終わった数日後にメールが来て、追加の質問を投げられることがあります。

たとえば、こんなメールです。

「取材のときに聞き逃してしまった質問があります。メールで結構ですので、追加でご回答お願いいたします」

「記事作成にあたり、追加で質問項目が出てきましたので、お手すきの際にご回答をお願いいたします」

テレビの取材で「追撮」というのはよくありますが、これは取材の時点で、番組のコーナーの構成や絵が決まりきっていないから起こるものです。

取材記事において、テレビの追撮のように追加質問を送ることは、私は二流の証だと考えています。

これは言ってみれば、事前の準備が足りなかったことを相手に発表しているようなものです。つまり「自分は未熟な聞き手です」ということを、相手にメールで伝えているのと同義と言えます。

とはいえ、私もたまに、追加質問を送らざるを得ないことがあるのですが、そのときは大いに反省します。

追加質問を送るケースは主に、原稿を送ったあとで媒体の編集者から質問が出て、それに応えられないときに生じます。

これは、自分が取材をするときの想定が甘かったから起こることです。

優秀な聞き手は、取材で一撃で決めるもの。

取材相手に負担を掛けているという考え方があれば、できるだけ相手に手間を掛けないように仕上げるべきという思考になるはずです。これこそがプロです。

相手ファーストで考えて、できるだけ一撃で決めるように心がけましょう。

あとからメールで追加質問を送ることは、事前の準備が足りなかったことを相手に発表しているようなもの

第5章

「また話を聞いてほしい」となる人を目指そう

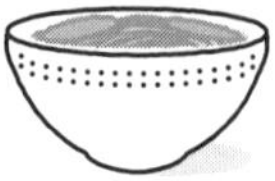

プロなら二度目が大事。リピーターを目指せ

私は何事も、一度目より二度目が大事だと考えています。

先述しましたが、私は広報や宣伝の仕事もしています。そして、取材のオファーが一度だけ来ることはまぐれでも、もう一度取材していただく機会をもらえれば本物だと考えています。

なぜなら、一度取材して「イマイチだな」と思った相手には、もう一度取材することはないからです。つまり、二度選んでもらえるということは、一度目がよかったという証なのです。

聞き手としても同じ考えです。

一度仕事が来ることはあっても、同じ媒体から二度目の仕事が来れば本物です。

さらに、同じ相手から三度、四度と取材の機会をもらえるようになれば、客観的にも高く評価されているととらえていいでしょう。

「また話を聞いてほしい」
「また記事を書いてほしい」

そう思われることは、聞き手として最高の評価です。

ぜひ、リピーターになれる聞き手を目指しましょう。リピーターになれるためには、いくつか条件があると思います。

①記事の質・クオリティが高いこと
②多く読まれる記事を書けること
③締め切りを守ること

④信頼性が高いこと
⑤話をしていて気持ちがいいこと
⑥いろいろと注文をつけてこないこと
⑦我が強すぎないこと

前半の①～④は能力的な問題で、後半の⑤以降は性格的な問題です。
もう一度、声を掛けてもらうためには、初回のパフォーマンスが大事です。ここで挙げた①～⑦のチェックポイントを把握して、自分に何が足りていないのかを明確にし、結果につなげましょう。

一度目はまぐれでも二度目は本物。自分に足りていない部分を明確にして、一度目でしっかり結果を出す

次につながる努力を惜しまない。雑談でもいい

二度目につながる聞き手になるためには、いろいろとやり方があります。

まずはいい取材をすること。これは基本です。取材の時間をもらったからには、しっかりと取材して、いいアウトプットをするべきです。

次の機会につなげるためには、相手から「取材してもらってよかった」と思ってもらうことが、何より大事でしょう。

また、それに加えて私は、自分という存在を、相手に覚えてもらうことも大事にしています。

具体的には「〇〇という媒体の取材がよかった」ということだけではなく「井手隊長の取材がよかった」と思ってもらえるかです。

ここまで相手に感じてもらえれば、媒体の大小にかかわらず、もう一度取材を受けてもらえるようになるでしょう。

取材する相手というのは、こちらが心を開かなければ心を開いてくれません。人というのはそういうもので、聞き手だから聞くことに徹するのではなく、聞くために自分を開示するのです。

話の内容は、雑談レベルでもまったく問題ありません。雑談でも相手との距離を詰められれば、コミュニケーションがスムーズになります。

雑談を通して、自分というものを相手に覚えてもらいましょう。

次につながる努力は人それぞれだと思いますが、私は「自分」というものを覚えてもらうことが次への第一歩だと考えます。

ここでのポイントは少し「ズラす」ことです。

ラーメン店主に取材するときに、ラーメンの話題で攻めても特別感はありません。たとえば、音楽の好きなラーメン店主だったら、ラーメンの雑談ではなく音楽の話をしてみるのです。逆に、ラーメンの好きな経営者に取材するときには、ラーメンの話題を出すと有効です。

雑談で「ズラす」ことを、少しでもいいので意識してみてください。

次につなげるためには、自分という存在を相手に覚えてもらうことも大事

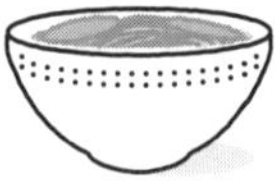

あくまで強みを活かす。「弱さの克服」を考えない

聞き方を学ぶにあたって、全員に当てはまるひとつの確たる答えというものはありません。

かつてのノウハウ本には、弱点を克服するためのテクニックが書かれたものが多かったと思いますが、**今の世の中においては、自分の強みを活かす流れで、独自の聞き方を確立していったほうがいい**と考えています。

人のパターンにもいくつかあるので、自分がどのパターンに分類されるのかを把握し、自分に合ったやり方をチョイスしていくことをオススメします。

あまり細かく分類すると収拾がつかなくなるので、次の2パターンで分けましょう。

・コミュニケーションが得意でよくしゃべる人
・コミュニケーションが苦手で口数の少ない人

まずは、この2パターンのうち、自分がどちらなのかを把握しましょう。

さらには、聞く相手のパターンもあるので、全てが一辺倒に攻略できるわけではありません。聞くことにおいては、相手との相性がいちばん大事になってきます。

その中で、自分が活かせる強みとは何なのか、「強みを活かす」「強みを伸ばす」方向性で自分独自の聞き方を確立していくといいでしょう。

●よくしゃべる自分×よくしゃべる相手

この場合は、聞き手がしゃべることをある程度は控えなければいけません。会話の応酬になっていくと、話がまとまっていきませんし、取材になりません。

聞き手がしっかり聞き手として振る舞いつつ、相手に完全に主導権を持っていかれないようにするのもポイントです。

●よくしゃべる自分×口数少ない相手

聞き手がよくしゃべり、相手は口数が少ない場合、これはそのまま臨んでしまっては取材の形が確立できない可能性が高いです。

ある程度、聞く側が落ち着きを保ちつつ、ていねいに相手の話を引き出していく必要があります。聞き手側がいちばん気を遣うパターンかもしれません。

●口数少ない自分×よくしゃべる相手

この場合は、相手に完全に主導権を持っていかれがちになるので、テクニックでしっかり補っていきましょう。口数を増やすことが正義ではありません。

口数が少ない人でも大丈夫なので、第2章をはじめこれまで解説してきたテクニックを活かしつつ、冷静に相手の話を聞いていきましょう。

●口数少ない自分×口数少ない相手

一見これがいちばん苦戦しそうですが、うまくいくといちばん味わい深い内容の取材になる可能性も秘めています。
ともあれ、まずは取材前の事前の下調べが何より重要になってくるでしょう。

自分の弱みを必要以上に不安視して、パターンを変える必要はまったくありません。相手のタイプを見極め、どのパターンに当てはまるのかを考えつつ、その中で自分の強みを活かしていく考え方でいきましょう。

自分のパターンと相手のパターンを見極めた上で、自分の強みに沿った聞き方でいこう

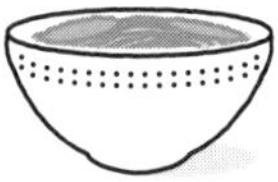

雑談のフックは3つぐらいあると安全

前項でもお話ししましたが、聞くことにおいては、自分の弱みを克服するのではなく、強みを活かすべきです。これは聞くスタイルだけの問題ではなく、雑談の話題に関しても同じようなことが言えます。

その強みの見つけ方として、シンプルに自分の趣味を洗い出してみる、というものがあります。

強みというと、自分の性格や長所などにフォーカスしがちですが、性格や長所は、相手との相性に関係してしまうという欠点があります。

たとえば、明るい性格の人を「うっとうしい」と感じる人だっていますし、つねに前向きな人を「反省が足りない」と評価する人だっているわけです。

それとは別に、自分の趣味については、とくに深く考える必要ありません。シンプルに、自分が好きなものは何かを洗い出してみればいいのです。

洗い出せたら、会話の中で使える趣味、使えない趣味をわけて把握しておくといいでしょう。

どんなにその趣味が好きだったとしても、愛好者が少ないものや、話題に出しにくいものであれば、使える趣味に振り分けておくわけにもいかないでしょう。

私の場合は、ラーメンの食べ歩き、サザンオールスターズ、プロ野球が、好きなもののＴＯＰ３に挙げられますが、これらは全て使える趣味です。

まずラーメンは、全世代に使える話題で、私の大きな武器と言えます。一度もラーメンを食べたことがないという人は、少なくとも日本人ではそうそういませんし、最近では外国人相手にも使えるほどです。

サザンオールスターズに関しても、割と広い世代で有効な話題です。あまり「サザンが嫌い」という人に会ったことがありません。カラオケで歌っても知っている人が多いので、大きな武器と言えるでしょう。

そしてプロ野球は、私より上の40〜50代以上の男性にはかなり有効な話題です。

逆に使えない趣味で言うと、腕時計と靴です。

私は腕時計も靴も好きなのですが、これらの話題はそれなりに人を選びます。残念ながら経験上、テッパンで使える趣味という感覚ではありません。

このように、相手に合わせて自分の使える趣味を洗い出しておくと、非常にコミュニケーションがスムーズになります。

もちろん、自分の好きだけを押しつけるのではなく、相手に合わせて話題を整えることが大事です。

たとえば、相手が50代の男性だからといって、プロ野球が好きだとは限りません。無理やり話題にしても迷惑なだけです。

自分の我を通すのではなく、あくまで相手に合わせて自分の武器を出していくイメージです。そうすれば、仮にプロ野球では通じなくても、音楽の話に転じたらサザンオールスターズの話題で盛り上がる、という可能性だってあります。

そのためにも、フックは3つぐらい持っておくと安全なのです。

自分の趣味を洗い出し、会話の中で使える趣味、使えない趣味を把握しておくことがポイント

元ＳＭＡＰ中居正広さんの「上げて落とす、そして上げる」

相手の印象に残る方法として、もうひとつ紹介したいのは、ＴＢＳの「Momm!!」という番組で、元ＳＭＡＰの中居正広さんにお会いしたときの話です。

中居さんがＭＣを務めていた番組なのですが、素人の自慢・特技を紹介するという企画で、私はスタジオで大好きなサザンオールスターズの曲を歌いました。

オーディエンスが１００人強、さらにスタジオには前川清さん、瀬川瑛子さん、指原莉乃さん、山本彩さんなど、錚々《そうそう》たる面々がいる中で歌うということで、素人からすればかなり思い切った企画でした。

しかし私はそれよりも、中居さんの素人に対する仕切り方が素晴らしかったことをよく覚えています。

中居さんの手法は「上げて落とす、そして上げる」です。

この手法で、素人相手にも場を盛り上げていました。

タレント相手ならまだしも、素人相手にコーナーを作っていくわけで、いつも以上に気をつかう現場だったと思います。

そんな中で中居さんは、失礼になるギリギリのラインで一度落とし、その後また持ち上げてくれるという、かなり高度なテクニックの持ち主でした。

各出演者の素人臭さを、いったんお笑い的に落としながら、それぞれの特技が披露された後、それを徹底的に持ち上げるのです。この振り幅なくして、コーナーが成立しないのではないか、というぐらいの見事なテクニックでした。

人は、上下の振れ幅に感動したり笑ったりするわけで、それを素人相手にも自ら作り出せる中居さんの能力は素晴らしいなと感じました。

もちろん、芸能界でも屈指のＭＣ力を誇る中居さんだからできたことではあるかもしれません。

しかし**「上下の振れ幅」という点は意識できるポイント**だと思います。

「慇懃無礼《いんぎんぶれい》」という言葉もあります。ていねいすぎる取材では、かえって相手が不快になるかもしれません。

お笑い的なセンスも必要な技といえますが、上下の振れ幅をうまく使い、相手の印象に残ることで、二度目以降のチャンスが広がるでしょう。

人は上下の振れ幅で感動したり笑ったりする。中居正広さんの手法を意識してみよう

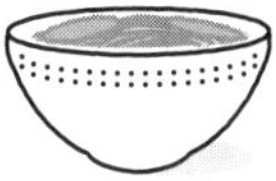

自らの質問項目とChatGPTとを対決させてみる

生成ＡＩの発展によって、あらゆる仕事が変化のときを迎えています。

とくに２０２３年に誕生したChatGPTは、その中でも身近で仕事で使えるツールとしても注目されています。

ChatGPTを敬遠するのではなく、自ら使えるようになろうという話には大いに賛成です。我々のようなインタビュアーや記者のような仕事も、いずれChatGPTに仕事の一部が奪われるかもしれません。

今は主に、調べ物や原稿の作成などの使い方が紹介されることが多いChatGPTですが、私のやっている取材などにおいては、ほかに「事前の想定質問を作らせてみる」というものがあります。

たとえば「『麺屋〇〇』の店主のインタビューをするので想定質問を考えて」と投げ掛けます。すると、ChatGPTはネットから「麺屋〇〇」の情報を拾ってきて、適切な質問を考えてくれるのです。

自動的に質問項目を考えてくれるのですから、ChatGPTの使い方としては有効的だと言えるかもしれません。

しかし、これをそのまま使うのでは記者失格です。

むしろ、ChatGPTが考えつかないような独自の質問を、頭を絞って考えることが記者の大きな仕事なのです。

言ってしまえば、ChatGPTが考えつくレベルの質問は、ネット上の情報を調べれば済むことなのです。

その先に踏み込むのが記者のオリジナリティ、そして意地になるのです。

私は、便利なChatGPTを使いながら、つねにChatGPTと対決する姿勢でいるといいと考えています。

たとえば、自分の考えた質問項目と、ChatGPT に作らせた質問項目を比べてみるという手はあります。

あまりにもダブっている項目が多いようであれば、思い切って再考してみるなどの検討対象になるでしょう。

仕事が奪われるかどうかの問題は別に考えるとして、ChatGPT の進化は止められません。どのように有効活用できるかを考えながら、対決するような姿勢を取ることをオススメします。

オリジナリティあふれる質問は二度目以降の鍵にもなる。そのためにも ChatGPT と対決して質問項目を磨こう

SNSを駆使しろ。会っていなくても「会えている」

人と一度つながったけれど、その後なかなか会う機会に恵まれず、忘れられてしまった（忘れてしまった）という経験は誰にでもあると思います。

時間は有限ですし、毎日いろんな人に会うのにも限界があります。今まで会ってきた人と、もう一度会うことに時間の全てを費やしていたら、新しい人に会う時間がなくなってしまいます。

しかし、今はSNSがあります。

Facebook やX（旧 Twitter）、それに Instagram などの発信を見ていると、日ごろ会っていない人でも会っているような気分になれませんか？

近況をＳＮＳで見ていると、その人が近くに感じられるものです。

ですから、人と会う仕事をしている人の場合、ＳＮＳをやらないというのは、あまりにもったいないと感じます。人に会う仕事の場合は、相手に興味を持つか持たないかで、楽しみ方はだいぶ変わってくるでしょう。

聞く力を身につけるのは、相手に興味を持つことに近しいものがあります。

しかも、相手に興味を持てるかによって、最終的な成果も変わってきます。ここはまったくイコールになるわけではないですが、おのずと結果がついてくるのです。

私は初対面の相手と会うときは「お友だち寸前」になることを目指しています。いきなり、お友だち感覚で距離を詰めすぎるとやりすぎですが「お友だち寸前」になれるコミュニケーションを心掛けています。

そのためには、相手に興味を持つことが第一歩。相手に興味を持つようにすると、積極的に聞く姿勢がおのずとできていきます。

なかなか初めはうまくいきませんが、だんだんと自分なりのパターンができてきて、お友だち寸前の人がたくさん現れてきます。

目安としては、取材後にFacebookの友達リクエスト、XやInstagramの相互フォローができるぐらいの距離感です。こうすれば、今後はメールで改まった感じではなく、いつでも気軽に連絡することもできます。

その中から、ずっとつき合っていきたい相手とお友だちになっていけば、さらに楽しい今後が待っています。

このように、仕事で人に会う時間を楽しいものにすることは、精神衛生上もオススメです。

ぜひ臆《おく》せずコミュニケーションして、お友だち寸前の人をたくさん作りましょう。

そして、お友だち寸前の人と何度も会えないあいだは、ＳＮＳでふだんの自分を発信し続けるのです。

それにより、みんなに「自分が今どうしているか」を知ってもらうことができます。

「長いこと会ってないけど、ＳＮＳでいつも見ているから久しぶりな気がしないよ」

こう言われれば勝ちです。

映えなどは二の次にして、日常の何気ない発信で問題ありません。

使うのが怖いという人も多いと思いますが、個人情報やマイナスな発言に気をつければ、ＳＮＳは知人とつながり続けられる素晴らしいツールです。

せっかく便利なツールなので、ぜひ有効に使いましょう。

ネタを考えるのが大変だと思う人は、最初から「こういう投稿をしよう」と決めておくと楽です。私であれば、ふだん食べたラーメンや書いた記事をシェアしているだけで、投稿内容を真剣に考える必要はありません。

「美味しいものを食べたらアップしよう」
「地方に行ったらアップしよう」
「毎朝散歩で見ている朝日をアップしよう」
「本を読んだらアップしよう」

そんなレベルでまったく問題ありません。

とにかく、ふだんから発信を続けることで、必ずいいことがあります。

ビジネスパーソンにとって、仕事をしている時間は人生の中でもかなり長いと思います。その時間を楽しめるかどうかはとても大事だと感じます。

日ごろからＳＮＳで発信することで、自分の存在を忘れさせないようにしよう

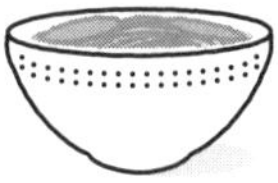

何かあったら
サッと電話できる関係を築け

何か企画が持ち上がったとき、テーマのほかに「誰に話を聞くか」という課題が必ずついて回ります。

そのときに、パッと取材相手の顔が思いつくかどうかは、聞き手の人脈にかかってきます。

とくに、ニュースを扱う場合にはスピードも必要です。

ネットのお問い合わせフォームや、いつ読んでもらえるかわからないＸやInstagramのＤＭを送るよりも、サッと電話できる相手がいれば、すぐに取材につなげることができます。

このレベルの人脈を、ふだんの取材から作れるかが、聞き手として成長することにおいて大事になってきます。

私も常々、ラーメンの企画において「手打ち麺」ならこの人、「ご当地ラーメン」ならこの人、「豚骨」ならこの人、「背脂」ならこの人……というように、すぐに打診できる人と関係性ができていることが大切だと感じています。

こうなるためには、一度取材したときに、しっかりと相手とつながっておくのがいちばんの近道です。

もちろん、人から紹介してもらうという手もありますが、これは不確実な方法です。自分で切り開いたほうが確実性は高まります。

やはり取材の一度目でしっかりコミュニケーションを取っておくことが大事です。

ふだんの私のやり方を紹介しますと、まずXなどは事前にフォローしておくとして、取材が終わってから、まずFacebookでお友達申請をします。

そのときにメッセージを送るのが礼儀ですが、そのメッセージの中に取材のお礼と取材中に盛り上がったネタなどを盛り込みます。

返事が来て、その反応がいい感じだったら、次から連絡しやすい関係性になれます。とくに返事の早い人は取材相手としては適任です。

そして、こちらもできる限り即レスを心がけます。**即レスは何においてもチャンスが倍増します。**


取材だけでなく、困ったときにすぐに電話できる人がいるかどうかは、人生においてもとても大事だと感じます。

ネット社会で、人間関係がなんとなく希薄になってきている現代だからこそ「すぐ電話できる相手」を大事にしましょう。


想定されるテーマごとに、すぐに連絡できる相手がどれだけいるか。取材したときにしっかりと相手と人脈を作っておこう

愛がない記事は書かない

本書の最後に私が伝えたいことは「愛がない記事は書かない」ということです。

私がいつも大事にしていることは、取材対象者にプラスになることの発信です。

つまり、**私が記事を書くことで、業界にプラスになることだけを発信しようと考えています。**

聞き手といっても、いろいろな立場の方がいますが、私は常々「このように考えてくれる聞き手が増えていくといいな」と思っています。

そのためにも、取材対象者に愛を持つこと、自分が記事を書く分野に愛を持つことが私のポリシーです。

愛などというと少しむず痒くなるかもしれませんが、それぐらいのエネルギーを持って仕事をすることで、自分の取材への愛着、記事への愛着が生まれてきます。

そうすると、仕事もおのずと楽しくなるものです。

愛を持って接することがブレない秘訣

「聞く」にもいろいろな仕事があり、迷いが生じる場面も多数あるでしょうが、全ての取材、記事執筆において、愛を持って接することがブレない秘訣です。

愛のある記事は、読む側にも伝わるものです。

自分の大事な時間を使ってやっている仕事、そして相手に時間を割いてもらっている取材ですから、ぜひ愛を持って、いい記事を仕上げるようにしてください。

あとがき

人に話を聞くことは喜びです。

その人の持っている素晴らしい話を引き出し、世に伝えて、読んだ人が喜ぶ。

起点は、私が話を「聞く」ところからスタートしていて、聞かなければおそらくその話が世の中に知られることはありません。

だからこそ「ここだけの話」を聞いて、世に伝えたい、そう思って私は取材をしています。

ある種の使命感みたいなものかもしれません。

聞くことが億劫だ、苦しい、そう思わずにどんどん聞いていきましょう。

親や先生の話を聞くところからスタートし、社会人になってもわからないことがあったら先輩や同僚にどんどん聞きましょう。

聞くことはコミュニケーションとして大事なことですし、全てが「学び」です。聞く力のある人は、一人でがんばっている人より確実に伸びます。

ラーメンライターとして連載が始まったころ、まず思ったことは「ラーメン店主さんって、自分のことをあまり話したがらない人たちなんだな」ということでした。

それからというもの、自分はこの店主に成り代わって、メディアでその魅力をガンガン伝えていこうというマインドになりました。

目標としているのは、その店主の「自叙伝」として認めてもらえるレベルの原稿です。店主が「取材を受けてよかった」と喜んでくれて、読者からも「いい記事だった」という反響をもらえれば成功です。

人の魅力を引き出して伝えるというのは、本当に尊いことだと感じています。

日本の昔話も、口承で伝えられてきたものばかりです。

昔話には、もともと絵はなく、言葉だけで表現されるものでした。何百年にもわたって人から人へ語り継がれてきたのです。

大昔から、人が耳で聞いてきたものが現代にも伝わっているというのは、本当に尊い話です。話をしっかり聞ける人が増えていけばいくほど、世の中は豊かになっていくと思います。

ステキな話をたくさん聞いて、それを一人でも多くの人に共有していきましょう。

年に100本以上の記事を書いている私ですが、一冊の本を書くのはこれが初めてでした。

そして、私を含めた誰もが、私の一冊目はラーメン本だと思っていたと思います。まさか「聞き方」の本を書くことになるとは思いませんでした。

誰かに師事して取材のやり方を学んだわけではないので、完全に自己流ですが、十数年にわたって幅広い方々を取材してきている中で編み出したやり方を、一冊にまとめてみました。

刊行にあたって、数々の企画を検討してくださった秀和システムの編集の丑久保和哉さんには感謝いたします。

何度もブレストをして、私の頭の中にあることをほじくり出していただき、しっかりまとめ上げることができました。

この本を通じて、一人でも多くの方が聞き上手になれることを祈ります。

そして、私のラーメンの記事を読んで美味しそうだと思ったら、ぜひお店に足を運んでみてください。

２０２４年４月

井手隊長

著者プロフィール

井手隊長（いで・たいちょう）

全国47都道府県のラーメンを食べ歩くラーメンライター。「Yahoo!ニュース」「東洋経済オンライン」「AERA dot.」「マイナビニュース」など年間100本以上の連載記事を執筆するほか、テレビ・ラジオ番組出演、商品監修など多方面で活躍中。近年はラーメンの「1000円の壁」問題や「町中華の衰退事情」など、ラーメン業界をめぐる現状を精力的に取材。番組への出演は「羽鳥慎一モーニングショー」「ABEMA的ニュースショー」「熱狂マニアさん!」「5時に夢中!」など多数。その他、ミュージシャンとして、サザンオールスターズのトリビュートバンド「井手隊長バンド」や、昭和歌謡・オールディーズユニット「フカイデカフェ」でも活動。本の要約サービス「フライヤー」執行役員、「読者が選ぶビジネス書グランプリ」事務局長も務める。

◆装丁　　　大場君人
◆イラスト　ろっぷちょっぷ
◆写真　　　井手隊長、各店からの提供

できる人《ひと》だけが知《し》っている
「ここだけの話《はなし》」を聞《き》く技術《ぎじゅつ》

発行日　2024年　5月15日　　第1版第1刷

著　者　井手隊長《いでたいちょう》

発行者　斉藤　和邦
発行所　株式会社　秀和システム
〒135-0016
東京都江東区東陽2-4-2　新宮ビル2F
Tel 03-6264-3105（販売）Fax 03-6264-3094
印刷所　日経印刷株式会社　Printed in Japan

ISBN978-4-7980-7187-9 C0030